CW01661497

Historienne d'art, diplômée de l'école du Louvre, spécialiste de l'art japonais ancien, Nelly Delay a organisé, de 1974 à 1987, de nombreuses expositions, pour lesquelles elle a publié des catalogues raisonnés, notamment sur le *Dessin japonais, Les Natures mortes japonaises au XVIIIe siècle, Les Peintures de la cour du prince Genji* et *Japon-Occident*. Elle est auteur de *L'Estampe japonaise* (éd. Hazan, 1993) et donne des conférences au CNRS, à l'OCDE et dans différents organismes culturels.

A Gabrielle van Zuylen

Tous droits de traduction et d'adaptation réservés pour tous pays
© Gallimard 1998

1er dépôt légal : novembre 1998
Dépôt légal : janvier 2000
Numéro d'édition : 93866
ISBN : 2-07-053411-1
Imprimé en Italie par Editoriale Lloyd

LE JAPON ÉTERNEL

Nelly Delay

DÉCOUVERTES GALLIMARD
HISTOIRE

La civilisation japonaise trouve sa singularité dans la permanence de croyances primitives, inspirées par le caractère tourmenté de l'archipel. Le culte shintô, qui déifie la nature, est une manière d'apprivoiser les puissances invisibles qui effraient les habitants du Japon depuis la nuit des temps.

CHAPITRE PREMIER

L'EMPIRE DES «KAMI»

La certitude de partager le monde avec des forces invisibles a incité les Japonais à se concilier celles-ci par des offrandes ou des rites magiques. Les grands portiques rouges (*torii*) qui ponctuent les paysages du Japon, telle la baie de Miyajima (à gauche), sont des passages symboliques qui permettent d'accéder au monde surnaturel des *kamis* (esprits). Le renard Inari (ci-contre) est l'incarnation de l'un d'entre eux.

Les premiers mythes

Les mythes et les légendes qui racontent la naissance du monde, c'est-à-dire la séparation du ciel et de la terre, sont contenus dans deux recueils de récits qui constituent les textes fondateurs de la culture japonaise : le *Kojiki* – récits du temps passé – et le *Nihon Shoki*, qui regroupe en quelque sorte les annales officielles du Japon.

Selon la mythologie japonaise, à l'origine du ciel et de la terre, trois divinités donnèrent naissance à sept générations de dieux. Le dernier couple fut nommé Izanagi et Izanami. Ayant reçu pour mission de consolider et fertiliser la terre, ils l'examinèrent depuis «le pont flottant des cieux». Puis ils créèrent les eaux, les îles, et eurent une nombreuse descendance. Lorsque Izanami mourut, Izanagi, désespéré, voulut descendre aux Enfers pour y retrouver son épouse, mais celle-ci refusa de quitter le monde souterrain. Furieux, Izanagi résolut de regagner la Terre où il se dépouilla de tous ses vêtements et se purifia dans les eaux, faisant

Les deux rochers d'Ise (ci-dessous) semblent l'éclatement d'un seul et même bloc, et le vide qui les sépare rend plus perceptible encore leur unité originelle. Les Japonais y ont vu l'image du premier couple mythique, celui d'Izanagi et Izanami. Afin que leur union demeure éternelle, une énorme corde les relie l'un à l'autre, accentuant leur dualité et leur unité. C'est un des plus puissants exemples de l'harmonie japonaise entre le vide et le plein.

apparaître Amateratsu, déesse du Soleil et de la Lumière, Isukiyomi, la Lune, reine de la Nuit, et enfin Susanoo qui régna sur les mers.

Un jour, effrayée par un grand fracas, la déesse du Soleil se réfugia dans une grotte dont elle obtura l'entrée par une énorme pierre. Désemparés, les dieux se concertèrent sans trouver d'argument pour faire sortir Amateratsu de la grotte; soudain la jeune Ama no Uzume, déesse du rire, commença de danser. Elle posa à terre des colliers de pierres précieuses et un miroir devant l'entrée de la grotte; emportée par le rythme de la danse, elle se dépouilla peu à peu de ses vêtements, et – entièrement nue – rythma de ses pieds des mouvements lascifs et joyeux. Tous les dieux éclatèrent de rire; intriguée, Amateratsu se risqua hors de la grotte et demanda la raison de tout ce vacarme. Uzume répondit que les dieux se réjouissaient d'avoir enfin trouvé une déesse plus belle qu'Amateratsu elle-même. Celle-ci fit quelques pas à l'extérieur, vit les joyaux et surtout le miroir qui lui renvoyait sa propre image. En un instant, le dieu de la Force referma la grotte, et c'est ainsi que la Lumière revint pour toujours dans le monde.

Konohana Sakuya Hime (ci-dessus), déesse du Fuji, se tient au cœur de la montagne sacrée, au centre de la course de la lune et du soleil. Celui-ci est une divinité féminine, Amateratsu, toujours représentée en rouge, couleur du levant et du couchant.

La période Jômon (11000 av. J.-C.-300 av. J.-C.)

Si ce mythe intemporel établit la Création, il est difficile, dans l'état actuel des connaissances, de faire remonter l'étude de la préhistoire au-delà de 11 000 ans avant notre ère. De cette période, dite Jômon, nous sont parvenues des jarres funéraires et de grandes poteries ocre à décor de cordes entrelacées; elles sont l'œuvre des premières tribus qui peuplaient les îles Ryûkyû et Hokkaidô. La découverte dans les stratifications profondes de pierres taillées, puis polies, de poteries aux formes et aux motifs de plus en plus élaborés jusqu'à l'ébauche de la figure humaine, a amené à établir, dans la seule période Jômon, six subdivisions qui permettent de suivre l'évolution et les déplacements de peuplades soumises aux éruptions volcaniques et aux tremblements de terre.

Ces subdivisions mettent en évidence l'existence d'au moins deux types de population : l'une vers le nord et l'est, venue de la Sibérie par Sakhaline, l'autre vers le sud, venue sans doute de la Chine et de la Corée. Le premier type, par l'étude des harpons, des pointes de flèches, des bijoux en forme de crocs et des traces de culte sacrificiel, semble être à l'origine des Aïnous – peuple vivant au nord près de la Sibérie – adorateurs et sacrificateurs de l'ours.

La période Yayoi (300 av. J.-C.-300 apr. J.-C.)

Pendant la période Yayoi le deuxième type de population ayant occupé le Japon se sédentarise. Il cultive le riz, utilise des outils de bois renforcés de fer et réalise les premiers tissages. Les morts sont inhumés dans

grandes jarres, entourés d'objets familiers, comme cela était de coutume en Chine. C'est ainsi que l'on a pu retrouver toutes sortes d'œuvres en bronze datant du Ier siècle avant notre ère, des miroirs, armes, bracelets, etc. Les fouilles livrent surtout des cloches dites *dôtaku*, décorées de motifs géométriques, de représentations stylisées humaines ou animales. On en ignore encore la fonction : peut-être étaient-elles liées à des rites agraires et destinées à obtenir la protection des divinités.

Les jarres en terre cuite de la période Jômon (ci-contre) portent des empreintes de cordes (*jômon* en japonais) appliquées sur la partie haute, premières tentatives de décoration connues. Les *dotaku* de bronze (ci-dessous, à gauche) datent du milieu de la période Yayoi. On les a retrouvées enterrées au sommet de collines, notamment dans l'île de Shikoku.

Au fil des siècles apparaissent des *kuni*, petits Etats dirigés par un chef à la fois civil et religieux (*chaman*). Les luttes qui surgissent entre ces villages-Etats provoquent des déplacements de population vers le nord, dans la région de Kinai, qui deviendra plus tard le Yamato (nom donné au Japon dans son entité culturelle). Au Ier siècle de notre ère, le *Hanshu*, texte qui retrace l'histoire de la dynastie des Han en Chine, fait mention d'un pays appelé « Wa » situé dans la mer orientale.

On peut considérer ce texte comme la première preuve écrite de l'existence de clans ou de royaumes qui, en s'organisant, sous l'autorité de l'empereur mythique Jimmu-Tenno, deviendront le Japon. La dynastie impériale, probablement issue d'un clan ayant pris le pas sur les autres, fait remonter ses origines à Ninigi, petit-fils de la déesse du Soleil, la rouge Amateratsu, et se rattache ainsi aux commencements mythiques du Japon.

Chasseurs et pêcheurs, les Aïnous (ci-dessus) possédaient des caractères physiques particuliers : nez large, pommettes saillantes, peau claire, barbe et chevelure noires très épaisses. Leurs vêtements étaient décorés de motifs géométriques bleu foncé et blanc.

L'époque des «tumuli»

A partir du IIIe siècle de notre ère, les membres les plus importants des clans se font ériger des sépultures sous forme de *tumuli*, les *kofun,* où sont déposés un grand nombre d'objets précieux : miroirs de bronze, bijoux de jade, épées de fer. Des sarcophages de pierre ou de terre cuite décorés de peintures ocre rouge, bleues et blanches sont entourés de sculptures *haniwa,* représentant des huttes, des personnages, des animaux chargés d'accompagner le mort dans l'au-delà (sans doute substituts de sacrifices anciens). Ces *haniwa* reposent sur un tube de terre cuite afin d'être fichés dans le sol. On peut, à juste titre, les considérer comme les premières sculptures du Japon, celles qui, avant les dieux, veillaient sur le royaume des ombres.

Le shintoïsme

Les résultats des fouilles ne permettent pas de concevoir ce que pouvaient être les croyances des premières tribus. Ce n'est qu'à partir du IIIe siècle qu'apparaissent les premières formes d'un culte lié à la culture du riz : le culte shintô primitif. A l'origine sans rituel, sans temple, il est directement issu des mythes et de la vie des hommes en symbiose avec la nature. Ils y puisent leur force et leurs peurs, et la religion shintô, par laquelle se manifeste cette relation, est liée à leurs racines les plus profondes. A travers les siècles, elle va constituer l'identité et la permanence du peuple japonais, et lui permettre d'aborder, ou même d'assimiler, sans perdre son identité, toutes les influences spirituelles ou intellectuelles.

Les typhons, les éruptions volcaniques, la puissance des rochers et des eaux ont de tout temps inspiré aux Japonais la certitude d'une énergie interne du monde, et d'une fragilité éphémère des formes soumises au temps. L'homme lui-même est une partie du cosmos; il ne possède aucune individualité qui le séparerait de l'unité primordiale. Aucun élément n'est concevable,

Les grandes tombes (page de gauche) datant du IIIe au VIIe siècle, sont essentiellement situées au centre et au sud du Japon. Leur forme a évolué au cours des siècles et permet de distinguer quatre types de *kofun : empun* (rond), *hôfun* (carré) *zempô-koen-fun* (trou de serrure) ou *zempô-koho-fun* (carré précédé d'un rectangle). Sous ces *tumuli*, qui déterminent un espace sacré, se trouvaient une ou deux salles destinées à recevoir les sarcophages. L'une des parois des chambres funéraires était décorée de peintures en noir et rouge sur fond ocre représentant des scènes empruntées à la vie quotidienne. Ce sont les premières peintures connues de la civilisation japonaise.

Des sculptures de terre cuite *haniwa* (à gauche) étaient placées dans les tombes. Certaines d'entre elles portent des traces de pigments de différentes couleurs.

Près de Kyoto, à Fushimi, un complexe de temples, de *torii*, de chapelles votives est dédié au dieu renard Inari ainsi qu'à ses messagers, les renards Kitsune (ci-contre). C'est un sanctuaire shintô dont les premiers bâtiments furent édifiés en 711. Les pèlerins viennent y déposer des vœux de prospérité et des offrandes aux statues du dieu renard en pierre habillé d'une bavette rouge, signe de son pouvoir.

séparé de l'ensemble où circule l'énergie. Le vide n'est autre qu'une matière subtile, imperceptible à nos yeux, où des liens se tissent entre les différents éléments de l'univers.

Cette interpénétration du visible et de l'invisible a favorisé l'émergence d'aventures légendaires de tout un peuple d'esprits, les *kami*. Ces puissances bénéfiques ou maléfiques, abritées par les plantes, les arbres, les pierres, les animaux sont nées de l'imaginaire des hommes qui les craignent autant qu'ils les vénèrent et les singularisent par de gros cordages auxquels sont suspendus vœux et prières. A Nara, cerfs et biches sont sacrés et vénérés; à Fushimi, l'un des plus grands temples shintô est consacré au renard Inari; à Nachi, la cascade est l'objet du culte.

A Fushimi (ci-dessus) comme en d'autres lieux, une corde de paille torsadée vers la gauche, entoure le tronc d'arbres plus que centenaires, indiquant ainsi leur nature sacrée et le respect dû à l'esprit qui les habite. Des papiers blancs, adressés aux *kamis* et pliés rituellement, sont accrochés aux cordages.

Le culte des «kami»

Les innombrables divinités shintô font l'objet, dès le VIIe et le VIIIe siècles, de cultes, d'offrandes et de cérémonies dans des sanctuaires et des temples remarquables par la forme de leur toit. L'architecture est conçue en étroite correspondance avec la nature; de grands *torii* (portiques) rouge vermillon signalent l'entrée des temples, où se succèdent, en longues allées, jusqu'au cœur des forêts. Même dans les champs, à flanc de colline, au bord d'un chemin, le voyageur croise de modestes constructions de bois dédiées aux *kami* locaux – ou génies du lieu.

Tous sont mêlés à la vie quotidienne et font l'objet de fêtes (*matsuri*) liées aux rites agraires. Dans chaque maison, un autel shintô domestique permet de vénérer l'esprit des ancêtres ou tel *kami* familier, en leur faisant rituellement des offrandes de riz, de fruits et d'encens. Pour les Japonais, le monde invisible n'a pas moins de réalité que celui où se déroule la «vie éphémère». Tous les événements importants sont associés à un rituel shintô où officient les prêtres.

Les prêtres shintô desservant les temples ont une fonction plus rituelle que sacrée. Messagers des hommes et des *kami*, ils exécutent les rites de purification par l'eau, le sel, le riz. Le prêtre ci-contre porte un *ema*, plaques de bois revêtues de peintures votives qui ont, à partir du Xe siècle, peu à peu remplacé les offrandes réelles faites aux esprits.

Le temple d'Ise Shimogo Jinja (ci-dessous) est dédié à la déesse du Soleil Amateratsu. C'est là qu'est conservé le miroir sacré, emblème de la filiation de l'Empereur avec le soleil. Son plan est caractéristique de l'architecture shintô avec le toit en chaume aux poutres apparentes entrecroisées.

Le shintoïsme était déjà fortement implanté lorsqu'en 522 des émissaires du royaume coréen de Packche apportèrent comme présents à l'empereur du Japon une statue de bronze doré du Bouddha, ainsi que des textes sacrés. Il s'ensuivit de nombreux et violents conflits internes, entre les différents croyants, jusqu'à ce que le prince Shotoku Taishi proclamât le bouddhisme religion d'Etat, en 592.

CHAPITRE II
UNE CIVILISATION BOUDDHIQUE

Prince d'origine indienne, Sakyamuni (ci-contre) devint, sous le nom de Bouddha, le fondateur d'une nouvelle religion. Son visage reflète la même expression de compréhension du genre humain et de profonde bonté spirituelle que celui de Muchaku, l'un des moines du temple du Kôfuku-ji de Nara (en page de gauche).

Le bouddhisme s'implante au Japon

Au VIe siècle, le bouddhisme, originaire de l'Inde, pénètre au Japon, par la Chine et la Corée, entre lesquelles circulaient de nombreux moines. Après une période de conflits opposant les deux religions, une sorte de syncrétisme s'opère, alors que le bouddhisme imprègne toutes les couches de la société. Le shintoïsme, lien avec les ancêtres et les puissances invisibles de la terre, préside à tous les événements privés ou officiels de la vie; le bouddhisme définit l'observance des rites : invocations et discipline intérieure qui peuvent permettre d'atteindre l'Eveil, ou «état de Bouddha».

Le premier grand temple bouddhiste, le Hoko-ji, fut édifié à Asuka (près de Nara), capitale au VIIe siècle, qui donna son nom à cette première période historique du Japon. La diffusion du bouddhisme au Japon – où n'existait encore aucune langue écrite codifiée – se fit en langue chinoise. Les *sutra* (textes sacrés véhiculant l'enseignement du Bouddha) ont ainsi contribué

Le prince impérial Shotoku Taishi (à droite), qui vécut de 574 à 622, érudit, marqué par l'humanisme chinois et les textes sacrés du bouddhisme, imposa celui-ci comme religion d'Etat au Japon, contre la résistance des milieux conservateurs. Sa mémoire est, aujourd'hui encore, honorée au temple Horyû-ji à Nara.

Parmi les chefs-d'œuvre de la statuaire du VIIe siècle conservés au Horyû-ji figure la statue de bois de Kokuzo Bosatsu, le Bouddha «réceptacle de l'espace» (à droite). Image de la matrice qu'est l'univers, Kokuzo Bosatsu embrasse tous les êtres humains dans un amour égal et sans limite. Ses deux mains forment le *mudra* (geste symbolique) de la réception et du don.

De nombreux textes religieux (ci-contre un passage du *Hoke-Kyô* ou *Sutra de la Bonne Loi*) furent calligraphiés sur des éventails décorés de scènes de la vie de la Cour. Cette pratique établissait un lien entre le profane et le sacré.

de manière déterminante à l'implantation de la culture chinoise à travers le langage parlé et écrit, qui restera longtemps l'expression de la classe cultivée et aristocratique. Par l'écriture parvinrent également au Japon tous les grands textes législatifs et littéraires chinois. On attribue au prince Shotoku Taishi la première constitution japonaise (en 604 environ), rédigée en chinois. C'est à la fois un code moral et de comportement privé autant que social : «L'harmonie est le bien le plus précieux.» Nous sommes tous sages et fous à tour de rôle; c'est un cercle sans fin.»

D'abord acte politique puisqu'imposé par le Prince à la nation tout entière, le bouddhisme deviendra le ciment entre l'Empereur, la noblesse et le clergé, donc la force de cohésion de la société japonaise.

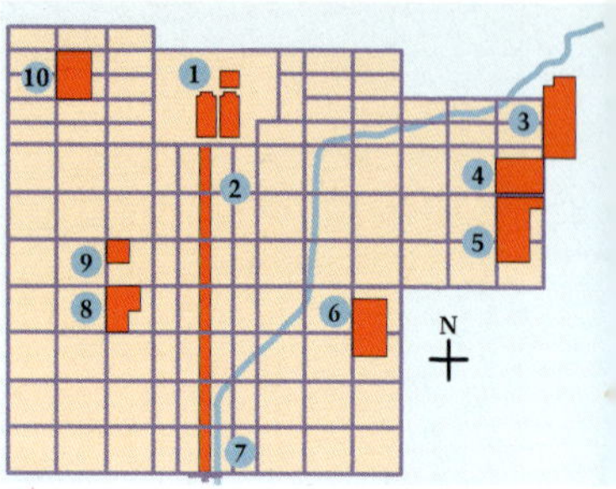

Nara, la nouvelle capitale, est édifiée selon un plan géométrique. Les grands temples de la région d'Asuka y ont été transportés et de nouveaux édifices implantés, tous construits en bois (détail ci-dessous)
1. Palais impérial.
2. Porte du Phénix rouge.
3. Tôdai-ji.
4. Kôfuku-ji.
5. Gangô-ji.
6. Daian-ji.
7. Porte Rajômon.
8. Yakushi-ji.
9. Tôchôdai-ji.
10. Saidai-ji.

Nara, capitale politique et religieuse

Selon les croyances shintô, la mort était une souillure, et la coutume voulait que la cour changeât de résidence à la disparition de l'empereur et que son successeur bâtît, pour inaugurer son règne, un palais nouveau dans un lieu pur.

En 710, la cour s'installe ainsi à Nara, et toutes les grandes familles de la noblesse y font construire des temples qui, outre le sanctuaire réservé au culte, comprennent des bâtiments destinés à l'étude de la doctrine et des textes sacrés, de la philosophie, des sciences, des arts, de l'usage des herbes médicinales, etc. Peu à peu, plusieurs centaines de moines se répartirent dans ces temples et monastères (Hôryû-ji – édifié à quelques kilomètres –, Kôfuku-ji, Tôshôdai-ji, Tôdai-ji, etc.).

Ces communautés (appelées généralement sectes pour traduire le terme *shu*) s'attachaient chacune à propager le bouddhisme par des enseignements distincts et complémentaires. Ces différentes approches s'exprimaient par des règles de vie, par des initiations d'ordre ésotérique (réservées à un petit nombre d'érudits) concernant la place de l'individu dans l'espace et le temps, en partant du principe que la partie et le tout se contiennent mutuellement.

L'empereur Shômu qui régna pendant la deuxième partie du VIIIe siècle, organisa le royaume sur le principe d'un immense *mandala*

– figure géométrique qui, par l'agencement des formes et des couleurs, est une représentation symbolique de l'univers. Il fit construire à Nara le Tôdai-ji consacré au Bouddha Vairocana, symbole de l'univers qui siège au centre d'une fleur de lotus à mille pétales; ce temple serait le plus grand édifice en bois du monde. Simultanément, on diffuse à des millions d'exemplaires destinés aux pèlerins des *sutra* et images sacrées gravés sur bois, qui constitueraient les plus anciens documents imprimés au Japon.

Le Kôfuku-ji (ci-dessus). De bas en haut : porte du Sud, porte du Centre, sanctuaire, prédicatoire. A droite et à gauche : sanctuaires de l'Est et de l'Ouest. En deçà, à droite, tour à cinq étages, et à gauche, pavillon du Sud et tour à trois étages. Au fond à gauche, pavillon du Nord.

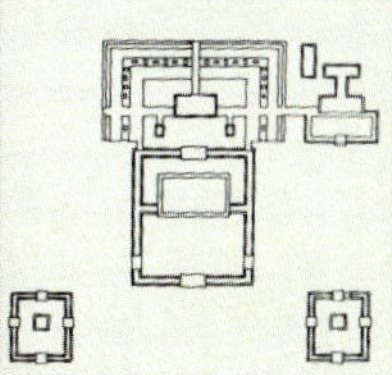

L'ensemble du Tôdai-ji (plan ci-dessus), édifié en 743, fut incendié en 1180 et reconstruit dans un style inspiré de la Chine du Sud. Cette seconde construction brûla à son tour en 1567, à l'exclusion de la grande porte sud Nandaimon (page de gauche, en haut). La troisième reconstruction, en 1688, est celle qui existe aujourd'hui. La superficie du bâtiment abritant le grand Bouddha fut réduite d'un tiers; la hauteur ayant été respectée, l'ensemble subit un certain déséquilibre qui ne nuit cependant pas à son ampleur. La gigantesque statue de Daibutsu (ci-contre), en bronze doré, haute de 16 m, fut fondue en 749 sur ordre de l'empereur Shomu. Elle repose sur un piédestal de pétales de lotus, et se profile sur un halo décoré de figures du Bouddha qui date du XVIIIe siècle. Le Tôdai-ji (page de gauche, en bas) comprend d'autres bâtiments situés en dehors de l'enceinte du temple principal le Dai Butsuden.

Le panthéon bouddhiste, source d'inspiration des artistes

Le panthéon bouddhiste comporte un très grand nombre de Bouddha, de Bodhisattva (divinités qui, sur le chemin de l'Eveil, sont les assistants du Bouddha), de rois gardiens (les *myôô*), et de divinités des Enfers (*emma* et *oni*). Ils devinrent, dès le VIIe siècle, la principale source d'inspiration de sculpteurs et de peintres qui sont presque toujours restés anonymes, mais qui ont su atteindre une divine perfection dans la beauté de leurs œuvres. Amida, le plus célèbre des Bouddha, est le protecteur du genre humain qu'il accueille au Paradis de l'Ouest; il apparaît souvent derrière des montagnes, la tête découverte, vêtu à la manière indienne; il prend le ciel et la terre à témoin qu'il n'entrera pas au

Le temple Sanjûsangendo fut construit à Kyoto en 1164 sur ordre de l'empereur Goshizakana. On l'appelle aussi Rengeô-in ou temple aux mille Kannon. Une statue de Kannon aux mille mains, exécutée en bois de cyprès par le sculpteur Tanki à l'époque Kamakura (1185-1333), y est en effet conservée. La divinité est entourée de vingt-huit dieux protecteurs et située dans une salle divisée en trente-trois sections ou sont groupées à ses pieds mille et une statues dont aucune n'est semblable à l'autre (ci-dessous).

Nirvana tant qu'il lui restera un seul homme à sauver. Dainichi Nyorai est la divinité principale des sectes ésotériques dont les disciples se vouaient à l'étude approfondie de la Doctrine. Fugen Bosatsu, divinité de l'intelligence et de la compassion, comprend les motivations de toutes les actions humaines; il a aussi le don de prolonger la vie. On le représente assis sur un lotus qui repose sur un ou plusieurs éléphants blancs; il peut avoir deux ou vingt bras. Kannon Bosatsu est le bodhisattva le plus vénéré du Japon, celui qui vient au secours de tous les hommes. Il était l'un des deux compagnons d'Amida. On le trouve représenté sous sept aspects différents : Senju Kannon entouré de mille bras en halo et de quarante mains portant chacune un attribut symbolique ou exécutant un *mudra* (geste aux significations sacrées); Nyorin Kannon aux six bras, assis sur un lotus; Ju-ichinren Kannon aux onze têtes; Sho Kannon le miséricordieux, toujours placé à la droite de Dainichi; Bato Kannon à tête de cheval qui galope aux quatre points du monde pour venir en aide aux malheureux et chasser les démons; enfin Jundu Kannon aux trois yeux et dix-huit bras, et Fuku-kensaku Kannon, divinité du monde des formes.

Fugen Bosatsu monté sur son éléphant blanc s'avance, venant de l'Est, entouré de dix gardiens dans un rayonnement de gloire (ci-dessus). Il est considéré comme le protecteur des adeptes du Sutra du Lotus qui devaient en réciter et en recopier le texte plusieurs fois. Ceci explique le grand nombre de rouleaux sur lesquels sont tracés à l'encre d'or sur fond bleu les idéogrammes du *sutra*.

Miroku Bosatsu est, lui, le futur Bouddha; il descendra sur terre cinq mille six cent soixante-dix millions d'années après l'entrée de Bouddha au Nirvana. C'est lui qui révéla le secret des doctrines du Mahayana et il est particulièrement vénéré.

Jizo Bosatsu est le bodhisattva qui intervient dans toutes les circonstances pour secourir les humains; il est le protecteur des enfants, et à ce titre particulièrement vénéré. On le représente toujours sous les traits d'un jeune et beau dieu, le visage empreint d'une rayonnante sérénité. Debout sur un lotus ouvert, vêtu de la robe des moines, il tient d'une main le joyaux sacré et de l'autre un bâton de pèlerin dont les anneaux font un bruit qui apaise.

La venue sur la terre d'Amida, Bouddha de la lumière (ci-dessous), doit entraîner les fidèles vers les Terres pures, paradis des Bouddha et des Bodhisattva. Dans sa course solaire, Amida délivre de l'ignorance et de la peur ceux qui auront atteint un certain degré d'éveil en se concentrant sur la formule sacrée *namu Amida butsu* («gloire au Bouddha Amida»).

«Myôô» et «oni»

Les *myôô* sont les messagers des cinq principaux Bouddha. Fudo – *myôô* le plus important de tous, manifestation de Dainichi Nyorai – est entouré de flammes qui représentent ses pouvoirs; d'une main il tient un sabre pour interrompre la vie, et de l'autre une corde pour capturer ceux qui ont transgressé la loi du Bouddha. Daitoku-Myôô, la plus terrible manifestation d'Amida, est lui aussi entouré de flammes; il est plus puissant qu'un dragon et sut vaincre Emma-Hôô, le roi des Enfers. Les autres sont Gozanze, Gundari et Kongo-Yasha.

Fudo-Myôô (ci-contre), roi de science mandaté par Bouddha pour vaincre les forces qui s'opposent à l'Eveil, apparaît au IXe siècle avec la secte Shingon. La couleur bleu sombre de son corps est le symbole de la maîtrise de soi. Il tient de la main droite l'épée destinée à pourfendre l'erreur et, de la main gauche, une corde pour capturer les ennemis de Bouddha. Jizo Bosatsu (ci-dessous), le dieu protecteur des enfants, a pour mission de réunir tous les êtres humains dans un amour et une générosité illimités.

Emma-Hôô, roi de l'Enfer, en est aussi le juge suprême, mais il ne juge que les hommes, laissant à sa sœur le soin de décider du sort des femmes. Emma-Hôô est assisté de nombreux démons (*oni*) qui peuvent prendre toutes sortes de formes et se mêler au monde des vivants, mais ils ne sont pas très dangereux.

Nara : l'apogée de la statuaire

Les sculptures de l'époque de Nara, constituent l'apogée de l'art de la statuaire au Japon. Appartenant au trésor du Kôryu-ji, la statue en bois de Miroku Bosatsu (en page de gauche) est considérée comme l'un des plus éminents exemples de beauté et de pureté dans l'art japonais et fait l'objet d'une grande vénération. Miroku Bosatsu, autre nom du bodhisattva Maitreya; est le «bouddha de l'avenir», le «nouveau sauveur» qui conduira les hommes sur la voie de l'Eveil. Dans le temple du Tôdai-ji, deux statues entourent celle de Yakushi-Nyorai, divinité de la Terre pure. Ce sont ses deux assistants : Nikko, qui transmet la lumière solaire, et Gakko, qui transmet celle de la Lune (ci-contre). Ces sculptures, réalisées au VIIIe siècle et hautes de plus de 2 m sont en argile polychrome, ce qui constitue une grande prouesse technique. Le Bouddha Yakushi-Nyorai est aussi entourés des «rois gardiens» Komokuten (p. 37) et Jikokuten (p. 36). Ces sculptures d'argile d'environ 1,60 m de haut protègent l'espace sacré.

Les représentations des grands moines du bouddhisme japonais, tels que Saichô (ci-dessous en méditation) ou Kukai (ci-contre) répondaient à des critères qui permettaient aux

fidèles de reconnaître leur visage et d'identifier les symboles de leur enseignement. Il existait de nombreux portraits de ces grands moines, supports de méditation destinés à la fois aux monastères et aux fidèles. Kukai est représenté assis en lotus, tenant de la main droite un *goko,* objet symbolique à double trident, support d'une attention tournée à la fois vers l'intérieur de soi et vers le monde extérieur. La sculpture du moine Ganjin (à droite) est un portrait fait probablement de son vivant et toujours objet d'une grande vénération.

Des moines vénérés comme des dieux

Des sculptures ou des peintures figurent les moines les plus éminents, fondateurs d'écoles et de sectes. Elles sont placées dans les temples et les monastères, soit pour être le support de la méditation des religieux, soit pour être vénérées par les pèlerins qui souvent emportent des reproductions de ces portraits pour les placer sur les autels domestiques.

Six écoles de l'enseignement du bouddhisme se développent à Nara au VIIIe siècle; s'appuyant sur des textes indiens en sanskrit et des *sutra* calligraphiés par les moines et les lettrés japonais en langue chinoise classique; elles répandent l'étude de la conscience et de la connaissance. L'une des plus célèbres, l'école Ritsu, fut fondée en 754 par un moine chinois qui prit le nom de Ganjin. Devenu aveugle, il récitait par cœur les *sutra*.

Un autre moine, grand maître de la transmission de la doctrine, Saichô, prit plus tard le nom de Dengyo-Daishi. Initié à quatorze ans à la doctrine de l'école Hossô, il étudia l'enseignement des maîtres chinois, et plus particulièrement le Sutra du Lotus, l'une des prières les plus sacrées du bouddhisme. En 794, il fonde un monastère près de Kyoto qui prendra le nom de Enryaku-ji et deviendra le centre de l'école Tendai. Saichô, qui a étudié les préceptes de la « Parole Vraie », tente de livrer les enseignements du Bouddha sans les obscurcir d'interprétations.

Le moine Kukai invente l'écriture japonaise

Le moine Kukai, plus tard connu sous le nom de Kobo Daishi, s'était rendu en Chine au début du IXe siècle pour suivre l'enseignement de la « Parole Vraie ». Quelques années plus tard, il rentra au Japon, rapportant non seulement des objets sacrés, mais aussi une somme de connaissances qu'il s'attachera à transmettre.

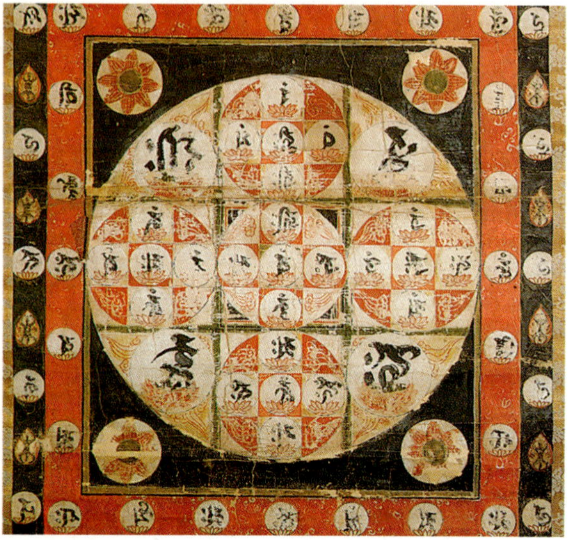

La secte ésotérique Shingon enseignait les *mantra*, paroles secrètes, la *mudra*, symbolique des gestes, et la lecture des *mandala*, représentations symboliques du monde. Le *mandala* ci-contre repose sur le nombre cinq. Dans chacun des carrés ou des cercles, le nom d'une divinité est inscrit en sanskrit. Seuls les initiés pouvaient le déchiffrer.

Les deux gardiens *nyô* (ci-dessous) sont situés de part et d'autre de la porte sud du Tôdai-ji. La légende veut que ces deux statues colossales de plus de 8 m aient été réalisées en moins de deux mois par les maîtres Kei.

En 816, il fonde, sur le mont Koya, au sud de Kyoto, le temple de Kongobu-ji, dont il fera le centre de l'école Shingon, secte particulièrement importante du bouddhisme ésotérique, entièrement consacrée à l'étude des textes sacrés.

A partir de l'écriture ésotérique dérivée du sanskrit, il inventa les caractères *kana*, signes syllabiques qui furent à l'origine de l'écriture japonaise. Il composa un poème où chaque signe n'apparaissait qu'une seule fois, conférant à la forme poétique la notion d'impermanence du monde visible propre au bouddhisme. Erudit, Kukai transmit de nombreux traités dont celui consacré aux *Dix Stations de la pensée* et un autre sur *L'Univers de la conscience* qui développe l'idée que « le monde concret dont l'homme fait l'expérience ici et maintenant constitue la réalité suprême, qu'il faut essentiellement s'attacher à comprendre ».

Les moines-artistes

Aucune des peintures représentant les supérieurs des grandes sectes n'est signée, pas plus que les représentations des divinités, ou toute autre scène légendaire du bouddhisme. Les artistes n'ont pas laissé de trace de leur nom, et l'on peut supposer qu'ils étaient eux-mêmes des moines œuvrant à l'intérieur des monastères.

A l'inverse des peintres, quelques grands sculpteurs, attachés aux temples et monastères célèbres, laissèrent une marque de leur nom, permettant ainsi de leur attribuer avec certitude des œuvres qui font partie du patrimoine artistique mondial.

En 1199, le moine Chôgen acheva le chantier de restauration des temples Tôdai-ji et Kôfuku-ji de Nara, incendiés par le clan des Taira qui avaient quitté la ville en vaincus. Yorimoto, chef du clan vainqueur des Minamoto, décida, en signe de reconnaissance pour les moines soldats qui l'avaient soutenu pendant cette guerre, de restaurer leurs temples. Il fit appel aux artistes de l'école Kei, héritiers des principes esthétiques du sculpteur Kokei, fondateur de cette école.

Unkei, fils de Kokei, et son disciple Kaikei, réalisèrent, en 1203, pour le Tôdai-ji, deux sculptures monumentales en bois des *nyô* (gardiens de la porte). Puis pour le temple Kôfuku-ji, ils conçurent deux statues portraits de Seshin et de Muchaku, disciples du Bouddha Miroku.

Kukai, s'inspirant des caractères sanskrits, élabora les premières formes de l'écriture japonaise en gros traits de pinceau dits *hikaku* (ci-dessus). Certains de ses manuscrits, datant de la fin du IXe siècle, sont, aujourd'hui encore, conservés au monastère de Koya-san, siège de la secte Shingon.

En 794, l'empereur Kammu décida de quitter Nara et d'édifier une nouvelle capitale pour se soustraire à l'influence des moines. La ville (l'actuelle Kyoto) fut baptisée Heiankyô, «le lieu de paix et de pureté». Jusqu'en 1185, l'art de vivre et la culture y furent si raffinés que la période Heian est considérée comme l'âge d'or de la civilisation japonaise. Elle inspira au XVe siècle la brillante renaissance de l'époque Momoyama et constitue, jusqu'au XVIIIe siècle, la référence culturelle de la noblesse.

CHAPITRE III
L'ART DE LA COUR

La chasse au faucon était un des plaisirs favoris de la Cour. Princes et dignitaires somptueusement vêtus formaient un spectacle qui, au XVIe siècle, inspira les peintres de l'école Tosa (à gauche), à l'époque Momoyama. A la Renaissance également, Korin réalise le décor d'objets précieux (ci-contre un écritoire).

Pour affirmer leur puissance, la Cour et les familles nobles firent construire des temples ou des cités religieuses. La décoration en est extrêmement riche. Au Byôdô-in d'Heiankyô, aménagé par le ministre Minamoto no Toru en 1052, l'ensemble des bâtiments, et particulièrement la salle du Phénix (Hôôdô) dédiée à Amida, fut conçu pour donner l'impression d'une somptueuse beauté, conforme à la description du Paradis de la Terre pure faite par le moine Genshin (942-1017) dans son ouvrage *Ojô Yôshû* (*Ce qui est essentiel pour renaître en Terre pure*), où le monde d'outre-tombe apparaît d'une beauté si parfaite qu'elle rend la mort presque désirable. Dans l'enceinte du Hôôdô, le Bouddha Amida, mesurant plus de deux mètres, œuvre du sculpteur Jôchô (vers 1053), est entièrement recouvert d'or. A l'intérieur de telles sculptures, creuses et faites d'un assemblage de pièces de bois, on a retrouvé des *sutra* peints à l'or sur fond bleu sombre, des perles fines, et toutes sortes de pièces précieuses qui constituent le trésor du temple.

Vivre à la cour

Les aristocrates de l'époque Heian (du début du IXe à la fin du XIIe siècle) vivaient dans un univers harmonieux et sophistiqué. Les vastes salles de leurs palais étaient ornées de peintures aux couleurs

“Il avait plu depuis des jours sans discontinuer et quelques gouttes encore tombaient quand la lune parut dans le ciel splendide. En chemin le Prince vint à passer près d'une masure à l'abandon autour de laquelle des plantes de toutes sortes avaient grandi. On ne distinguait plus même les traces de ce qui avait été jadis tant l'armoise avait poussé dru. La pluie tombait encore à travers les branches; Koremitsu abrita le Prince de son parapluie.”

Genji Monogatari, Livre XV, chapitre III, «La Maison dans les armoises»

rehaussées de feuilles d'or, offrant un cadre luxueux, digne de l'entourage impérial.

Leur vie était faite de mille petits riens qui dans le contexte fastueux de la Cour prenaient une importance considérable : le jeu des parfums et des coquillages, les concours de poésie et de calligraphie, les jeux de balles (*kemari*), les promenades pour admirer les premières fleurs, une leçon de flûte, etc. L'étiquette donne à l'esthétique une valeur extrême. Il n'existe aucun sentiment de futilité, mais au contraire une sorte de mélancolie devant le prix inestimable des moindres aspects d'un monde fragile et éphémère. Cette impermanence était à l'origine une notion bouddhique. L'époque Heian attacha plus de prix à l'esthétique qu'à l'éthique. Ni les connaissances scientifiques auxquelles était parvenue la Chine, ni le travail sur le comportement humain du bouddhisme ésotérique ne lui sont plus familiers que la vie de tout un peuple soumis aux famines et à la misère.

Le Byôdô-in, à Uji, près de Kyoto, était à l'origine une villa appartenant à la puissante famille des Fujiwara. Le Hôôdô ou Pavillon du Phénix (ci-contre), construit en avancée vers un lac aux formes irrégulières, aux eaux parsemées de fleurs de lotus, fut transformé en monastère vers1052 pour abriter la célèbre sculpture d'Amida Nyorai, le Sauveur de la Terre Pure de l'Ouest (ci-dessus). Seule statue de ce genre aujourd'hui intacte, ce Bouddha Amida en position de méditation, entouré de Bodhisattva est l'œuvre du sculpteur Jôcho qui influença toute la sculpture sacrée de son époque.

Le *Genji monogatari* a fait l'objet de nombreuses réécritures (*rinsho*) par des copistes (ci-contre, le manuscrit original). Il fut toujours tracé sur des papiers précieux, rehaussés d'éclats d'or et d'argent.

La langue et l'écriture des femmes

Les caractères *kana* conçus par le moine Kukai se trouvent à l'origine d'un bouleversement culturel imprévisible. Les femmes de l'aristocratie Heian se saisissent du langage quotidien et, au moyen de l'écriture nouvelle, composent des textes qui constituent les romans fondateurs de la littérature japonaise. Alors que les moines, les diplomates, les hommes de science, par souci d'élégance, continuent à s'exprimer en chinois, il est de mauvais ton que les femmes usent de cette langue. Or, habitantes immobiles du Palais, prisonnières de la superposition de kimonos somptueux autant que d'une rigoureuse étiquette, les Dames de la Cour sont les observatrices attentives du va-et-vient des nobles et des serviteurs. Elles déchiffrent habilement les intrigues qu'elles voient se nouer sous leurs yeux et les relatent dans des textes émaillés de notations subtiles et poétiques.

Entre la fin du Xe siècle et le début du XIe siècle, l'une d'entre elles, Dame Murasaki Shikibu écrit le *Dit du Genji* (*Genji monogatari*), chronique de la vie quotidienne et des amours du Prince

Resplendissant, s'inspirant de celles du prince héritier. Cette œuvre immense, construite en cinquante-quatre chapitres, est le chef-d'œuvre de la littérature japonaise. Très vite il inspire les peintres de l'*Edokoro*, sorte d'Académie sous la direction du gouvernement, qui en illustrent les scènes principales sur des rouleaux où calligraphie et images se succèdent, rythmant le récit qui est lu devant la Cour.

Durant le XIe siècle, d'autres Dames suivent l'exemple de Murasaki Shikibu et composent des *Journaux de voyage* comme Sarashina, ou de spirituelles *Notes de Chevet* comme Sei Shônagon.

Les premières peintures inspirées par l'univers du *Genji* sont postérieures d'un siècle au texte lui-même. Appelées *onna-e* – peintures faites par des femmes, elles ont été réalisées à l'époque Heian puis à celle de la Renaissance au XVIe siècle. Le portrait d'une poétesse (ci-dessous), assise devant son écritoire près d'une lampe, évoque un passage du *Genji* : « Elle engagea avec le prince une correspondance avec force précautions et mystères; Genji ne connaissait que trop les fatales conséquences d'une indiscrétion ».

La première série de rouleaux illustrés du *Genji* devait être à l'origine composée de dix rouleaux contenant au total quatre vingt-dix scènes réparties dans les cinquante-quatre chapitres. N'ont été conservées que dix-neuf scènes parmi treize chapitres. Ce sont les copies successives du texte qui ont permis de le transcrire dans son intégralité jusqu'à nos jours. Les sujets retenus pour les peintures en restituent le climat de poésie de l'environnement et la nostalgie des sentiments. Les lignes obliques d'architecture, ainsi que le traitement géométrique des vêtements jouent pour créer une animation dans la peinture. Les chapeaux des nobles ponctuent l'espace comme des notes de musique, et suscitent une circulation du regard dans toute la composition grâce à la technique des «toits enlevés» qui permet une vue plongeante et modifie la perspective.

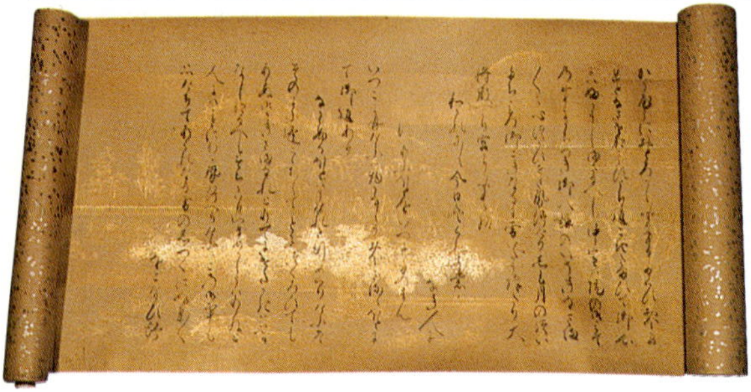

Les *emaki* se déroulent dans le sens de l'écriture, par fragment, chacun d'eux correspondant à l'écartement naturel de deux bras. A la cour, on le lisait à haute voix. Les illustrations étaient admirées en commun et commentées.

Une cour hédoniste

A la suite d'une redistribution des fonctions entre les différentes familles nobles par l'empereur Go-Ichijo, se développèrent des factions prétendant toutes à l'hégémonie. Parmi elles, les Fujiwara prirent rapidement un ascendant sur la famille impériale, au point de diriger les affaires de l'Etat en même temps que la vie culturelle. Ils transformèrent la vie de Cour en un véritable culte de la beauté.

A la cour des Fujiwara affluèrent artistes et artisans. Entre eux n'était établie aucune distinction. Pour satisfaire aux goûts de leurs commanditaires, ils créèrent les motifs de soieries précieuses tissées de fils d'or et d'argent et travaillèrent avec la plus grande finesse le bois et l'or, parfois incrustés de nacres, pour en faire des coffrets ou des bibliothèques aux coins de bronze ciselé. Les peintures comportaient souvent des natures mortes, mêlées à la composition, qui nous renseignent sur les objets de luxe dédiés au quotidien : écritoires, instruments de musique (*biwa*, *koto*...) richement décorés, miroirs de bronze, paravents à fond d'or, etc.

L'art des «emaki»

L'*emaki* est un rouleau, composé de peintures et de calligraphies, se lisant en largeur, de droite à gauche. Le premier de ces rouleaux fut sans doute celui du *Genji monogatari*, peint au début du XIIe siècle. Objet d'une véritable mode qui conduira peintres et calligraphes à travailler ensemble, il est à l'origine d'un genre artistique. Cette complémentarité, ce dialogue de la lettre et de l'image marquera profondément par la suite la peinture japonaise profane ou bouddhiste.

Dans les *emaki* réalisés au cours des siècles suivants apparurent, peu à peu, des éléments très nouveaux : des cataclysmes naturels (inondations, incendies), des évocations de fantômes et de diables, l'introduction de la nature et de l'architecture, et surtout des personnages du peuple et des serviteurs mêlés aux nobles.

L'évolution des peintures sur *emaki* se déroulera sur plusieurs siècles, fixant par de précieuses notations la vie de Cour, autant que la vie quotidienne. Des observations sur le vif facilitent, par un système de comparaisons et de recoupements, des datations assez précises de bâtiments, de sculptures, de jardins, etc. Les *emaki*, de par leur forme et leur déroulement en largeur, imposent un style de composition très particulier; ils se situent cependant, par l'agencement des couleurs, dans l'évolution générale de l'art pictural. Atteignant parfois une longueur de près de neuf mètres, ils nécessitaient de véritables prouesses techniques pour coller

Des bibliothèques, des livres, des écritoires : ces détails en trompe l'œil se retrouvent dans nombre de peintures.

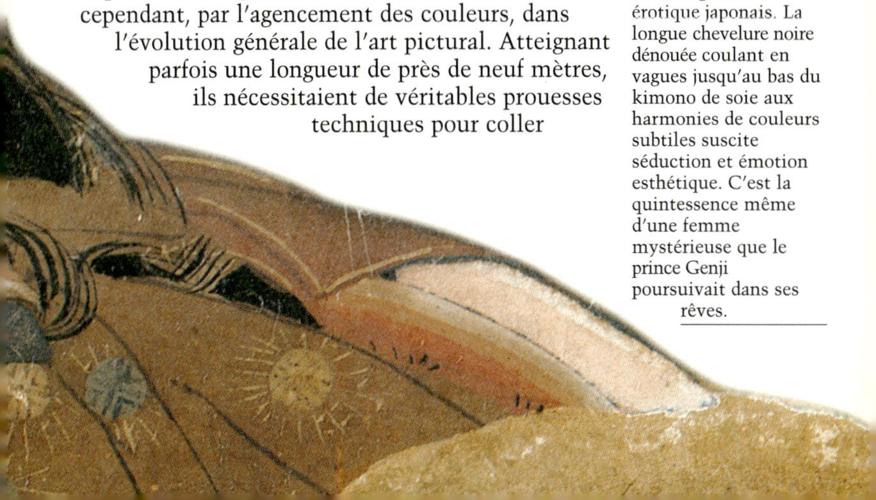

La silhouette de la femme vue de dos est, par son mystère, un élément récurrent de l'imaginaire érotique japonais. La longue chevelure noire dénouée coulant en vagues jusqu'au bas du kimono de soie aux harmonies de couleurs subtiles suscite séduction et émotion esthétique. C'est la quintessence même d'une femme mystérieuse que le prince Genji poursuivait dans ses rêves.

entre elles les feuilles de papier. Certains, exécutés à la demande de riches amateurs, sont demeurés célèbres : le *Shigisan engi emaki* (*Les Légendes du Mont Shigi* – vers 1160), le *Kibi Daijin Nitto emaki* (*Les Aventures du ministre Kibi en Chine*) et surtout le *Chôjû giga emaki* (*Histoire satirique des oiseaux et des animaux*) attribué à Kakuyû (1053-1140) dit Toba Sôjô. Cette suite est considérée comme l'un des chefs-d'œuvre de l'art japonais, auquel se sont référés de nombreux artistes, peintres des mutations et de l'anthropomorphisme.

Toba Sojô représente des animaux dans des activités humaines. Il est l'auteur de l'un des plus célèbres *emaki* du XIIe siècle (ci-dessous). Modèle de virtuosité du dessin, il est aussi plein d'humour. L'absence de frontière entre les animaux et les hommes apparaît naturelle au pays du culte shintô.

Dans l'*emaki* de Sumiyoshi Gukei (XVIe siècle), le prince Genji, accoudé à la terrasse *engawa* de son palais, contemple les pierres chinoises dressées dans le lac tout proche, et destinées à évoquer certains paysages célèbres. Le *Sakutei-ki* (*Le Livre secret des jardins*), autre texte illustré du XVIe siècle, attire l'attention sur les esprits *kami* qui habitent ces pierres. Dès lors, les pierres dressées eurent pour vocation de protéger les palais ou les sanctuaires; leur forme, leur disposition étaient rigoureusement codifiées, de même que la couleur et la nature des plantes.

Les Palais et les premiers jardins

L'aristocratie de l'ère Heian bâtit des palais qui se voulaient l'évocation sur terre du Paradis décrit par le Bouddha Amida. Le choix du site était essentiel. L'architecture englobait tous les arts : aménagement d'un espace liant l'intérieur et l'extérieur, peinture, sculpture. C'est à cette période qu'apparurent les premiers jardins conçus comme une recréation de la nature. S'il n'en subsiste aujourd'hui aucune trace, du moins en trouve-t-on des évocations dans le *Genji monogatari* et dans les peintures qu'il a inspirées. Le lac aménagé y apparaît comme un élément capital. De ses eaux émergent des pierres, creuses et irrégulières, qui avaient une portée symbolique, évoquant par leur forme certains paysages célèbres de la Chine ou se reliant par leur disposition à des figures ésotériques. Des îles, des cascades, des torrents sont également suggérés. A l'aide de diverses essences, un paysage, à l'aspect aussi naturel que possible, est recomposé.

Certains jardins de l'époque Heian sont rehaussés de fleurs aux couleurs soigneusement accordées : œillets, pivoines, chrysanthèmes, campanules, lespédèzes, etc. Les pins, aux formes travaillées, voisinent avec les érables et le *sanaki* – proche du camélia –, parfois aussi avec des pruniers, dont les fleurs sont les premières du printemps.

Un art profondément influencé par le bouddhisme

Ces jardins étaient destinés à être contemplés à partir des terrasses de bois – *engawa* – qui entouraient les différents corps de bâtiments, remplissant une des principales fonctions assignées à l'architecture, celle d'un passage entre l'intérieur et l'extérieur. Jeux de reflets, de transparences, relations espace-temps, font écho à une conception bouddhiste du monde. L'art des jardins a des rapports profonds et complexes avec le bouddhisme, mais aussi avec le culte shintô, qui vénère les arbres, les pierres, les eaux, où séjournent les esprits *kami*, habitants invisibles de la nature.

Les jardins sont de parfaits exemples, non seulement de l'esthétique mais aussi de l'éthique japonaises. Leur conception et leur symbolique ont fait l'objet de plusieurs traités évoquant les techniques et les rituels à respecter pour leur réalisation. Le premier de ces ouvrages date du XIIe siècle : le *Sakutei-ki* (*Le Livre secret des jardins*). Il puise son inspiration dans les paysages réels ou légendaires des mythes originels du Japon et donne des clés pour décrypter la signification éthique aussi bien qu'esthétique qui définit la « voie des jardins ». Au XVe siècle, il est complété par le *Sanzui Narabini*

Shûgaku-in Rikyu, une villa impériale située au nord de Kyoto, est entourée de jardins qui recréent un mince espace de nature recomposée et constituent les débuts du jardin-paysage.

yagyô no zu (*Dessins des paysages et des campagnes*), illustré de croquis et de commentaires littéraires ou poétiques.

L'époque Momoyama

L'art de l'époque Heian inspirera une courte période de la Renaissance japonaise, de 1573 à 1615 : l'époque Momoyama – qui signifie « la colline aux pêchers » –, nom du lieu entouré de pêchers au sud de Kyoto, où s'élevait le château de Fushimi édifié par Hideyoshi. Après une longue période de guerres civiles et de luttes entre factions, du XIIe siècle au XVIe siècle, le chef de guerre Nobunaga arrache le pouvoir au clan des Ashikaga et en assure la réalité. Trois principaux chefs de guerre se succèdent au commandement suprême pendant la période Momoyama : Nobunaga, Hideyoshi, et Ieyasu. Pour asseoir leur pouvoir, les nouveaux maîtres effectifs du Japon font construire des palais et des forteresses dont la décoration trouve son inspiration dans l'esprit des œuvres de l'époque Heian. Par cette renaissance, ils cherchent des racines et une légitimité.

Au XVIe siècle, l'architecture des monastères et celle des palais répondait aux mêmes règles : rigueur et simplicité naturelle des matériaux.

Dans les résidences seigneurialcs, les espaces d'habitation se composaient d'une série de volumes séparés reliés entre eux par des galeries couvertes ou non qui assuraient une homogénéité de l'ensemble et intégraient des parties du grand jardin entourant les constructions. Cette interpénétration de l'extérieur et de l'intérieur modulée par des cloisons mobiles permettait de vivre en accord avec les variations de la lumière et des saisons.

Katsura Rikyu

La villa Katsura, construite au XVIIe siècle au sud d'Arashiyama, près de l'actuelle Kyoto, est considérée comme un chef-d'œuvre d'élégance, d'harmonie et de symbolisme.

Le prince impérial Toshihito (1579-1629) était un fervent admirateur du *Genji monogatari*, imprégné des descriptions de palais et de jardins où évoluaient le prince Genji et la princesse Akashi. En 1624, s'inspirant de ces évocations littéraires, il décida d'entreprendre la création d'un pavillon entouré d'un jardin où se rencontreraient les lettrés et les poètes de la Cour. Ce fut le «Pavillon dans un champ de melons» qui, peu à peu, par l'adjonction de nouveaux bâtiments et le développement des jardins, devint la demeure impériale d'été, aménagée sur les rives de la rivière Katsura. Sa construction fut confiée au maître d'œuvre Enshu (1579-1647), qui appliqua les principes de la «parfaite harmonie» selon lesquels un édifice doit être «intégré à son environnement naturel». Autour d'un lac, d'où émergent trois îles, disposées selon les principes mentionnés dans le *Sakutei-ki*, sont répartis cinq pavillons consacrés à des réunions de poètes ou à la cérémonie du thé. Chaque pavillon offre une vue sur un paysage différent auquel correspond une décoration intérieure.

Katsura Rikyu constitue un lien essentiel entre les jardins des palais, ceux des monastères, et les ermitages des poètes. Cette villa impériale se rattache aux canons du passé et définit des critères esthétiques qui continueront d'inspirer l'architecture japonaise des siècles suivants.

La villa impériale, le Katsura Rikyu est un modèle de l'architecture japonaise. L'austérité géométrique est accentuée par les rythmes alternés du blanc des *shoji* et du brun sombre du bois (en bas, à droite); l'ensemble repose de manière presque aérienne sur de légers pilotis. Les avancées irrégulières des bâtiments sur le jardin (en bas, à gauche) enlèvent toute monotonie à la façade. L'une des salles de la villa était bordée d'une terrasse appelée «terrasse au clair de lune» *tsukimidai*, parce que, de ce point, la vue était la plus belle sur le jardin, la nuit. L'ombre joue un rôle considérable dans les salles intérieures de la villa dont les *shoji* pouvaient s'ouvrir largement sur le jardin ou, au contraire, rester fermés sur une lumière pâle intérieure. Les eaux du lac (en haut), créé selon les principes du *Livre secret des jardins*, étaient parsemées de pierres qui avaient une signification symbolique et étaient disposées de manière rigoureuse. Les ponts qui enjambent les parties étroites du lac ont été conçus pour être vus sous différents angles et rompre la monotonie des eaux.

Décor et peinture

Les sujets des paravents construisaient un espace mental dans des salles qui ouvraient aussi sur l'espace réel des jardins (ci-dessous, les fleurs d'un paravent de l'école Kano).

Un luxe ostentatoire s'exprimait dans la décoration des vastes demeures (cloisons peintes, paravents à fond d'or) et dans la conception d'objets précieux. Deux artistes contribuèrent à faire revivre les fastes de l'époque Heian décrits dans le *Genji monogatari* et transmis par les illustrations des *emaki :* le peintre Sotatsu (vers 1570-1640) et un calligraphe de génie, Honami Kôetsu. Ils travaillèrent ensemble et groupèrent autour d'eux, dans le village où se trouvait la maison de Kôetsu, plusieurs autres artistes, dont le calligraphe Mitsuhiro et le maître de Thé et créateur de jardins Kobori Enshu. Au XVIe siècle, un autre courant artistique se créa autour de Tosa Mitsuyoshi (vers 1536-

1613), soutenu par l'Académie de peinture de la Cour (*Edokoro*). Ce style nouveau, coloré et harmonieux, souvent rehaussé de nuages d'or, prit le nom de Tosa; il se prolongea jusqu'au XIXe siècle par une dynastie de peintres. A la suite de Tosa Mitsuyoshi et Tosa Mitsunobu, les artistes du XVIe siècle prirent leur inspiration dans les rouleaux *emaki* de l'époque Heian, et s'attachèrent à ressusciter l'esprit du Yamato qui avait inspiré le *Genji monogatari*, l'*Ise monogatari* (*Les contes d'Ise*) le *Saigyo monogatari* (*L'Histoire du moine Saigyo*). Parallèlement, Kano Motonobu fonda l'école Kano, d'abord inspirée par les peintures à l'encre – héritage de la philosophie chinoise – puis qui, entraînée dans les splendeurs du temps, conçut des compositions monumentales et colorées, éclairées par des fonds d'or ornés de fleurs, d'arbres et d'oiseaux. Ils eurent pour héritier, au XVIIe siècle, Ogata Korin, considéré comme le plus grand décorateur japonais; auteur de compositions d'un style ample et dépouillé, pour les cloisons, les paravents, mais aussi les éventails, les coffrets de laque, les peignes précieux, les *inros* (boîtes à compartiments destinées à ranger les médicaments) où il allia savamment l'or, le plomb et la nacre. Kano Eitoku, qui fut également chargé de la décoration des palais, s'exprima surtout par le travail de l'encre, mais il ne négligea pas le goût du temps pour l'or et le dialogue harmonieux des couleurs.

L'époque Momoyama fut marquée par l'épanouissement de l'art décoratif. L'utilisation de poudre de coquille d'œuf mêlée aux pigments minéraux et végétaux produisait un certain relief qui donnait un plus grand éclat aux couleurs. En outre, le laque intervenait pour donner plus de brillant au noir et conférer une impression de trompe-l'œil aux objets représentés (pages suivantes, des bibliothèques). Les œuvres de Korin (à gauche), se distinguaient par l'ampleur de la composition et la vigueur du style.

Ci-dessous, une calligraphie du *Genji*, par le peintre Honami Kôetsu.

A l'exception du vieux cyprès au fond de la scène, le *Nô*, théâtre de caractère presque religieux, ne comporte aucun décor, ce qui laisse les spectateurs libres d'imaginer tous les aspects du monde.

Le «Nô», théâtre de Cour

Le théâtre *Nô*, dont les premières représentations furent données à la Cour et dans les temples dès le XVe siècle, sous l'impulsion de l'acteur Zeami (1363-1443), est un théâtre noble et sacré. Le texte psalmodié, mêlé au chant et à des déplacements très lents, constitue une cérémonie tragique se déroulant sous une forme hiératique. Le *Nô* se situe comme l'héritier des premières danses religieuses, telles le *gigaku*, le *bunraku* et le *gagaku*, qui se déroulaient sur les terrasses des temples, accompagnées par une musique très rythmée jouant sans le support d'aucun texte avec les modulations de voix des acteurs. Ceux-ci portaient des masques inspirés par des démons, des animaux fabuleux, et des personnages étrangers ou mythiques.

Le *Nô* se joue également masqué, tout particulièrement le *shite* ou personnage principal auquel le *waki* donne la réplique à visage découvert. Il existe plusieurs types de masques : de femmes, de jeune prince, d'homme ivre, d'ogresse, de démons, etc.

L'action se situe toujours à la frontière du monde humain et du surnaturel. La scène de forme carrée, lieu de cette rencontre fantastique, est d'une absolue simplicité : une architecture de cyprès clair, avec au fond, la « cloison miroir », décorée d'un vieux pin aux branches vertes massives. Les musiciens se placent sur une estrade du côté droit; une passerelle de 8 à 12 mètres de long relie les coulisses et la scène; c'est là que paraît le *shite* dans une brusque ouverture de rideau et une trille stridente de la flûte. Le *Nô* est essentiellement magique, le texte y prend la place qui est la sienne dans un opéra : un support. Tout est exprimé par le langage des sons (voix ou instrument), par le ralentissement ou l'accélération des déplacements des acteurs, par les masques qui jouent avec la lumière pour faire apparaître des expressions qui suggèrent la vie. La distorsion du temps et des sons, les éclairages, créent un espace irréel où le surnaturel peut apparaître.

Depuis le dramaturge Zeami qui, au XVe siècle, en instaura les principales règles, le Nô s'est développé, grâce à la faveur de la Cour et des guerriers. Au XVIIe siècle, il se figea dans une forme plus hiératique, mais conserva un esprit magique qui le situe hors du temps.

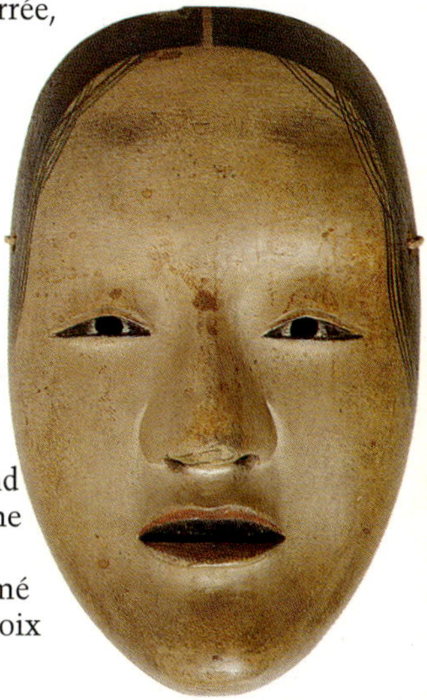

Le *Nô* fut consacré par les nobles et les guerriers «art de cérémonie» *shikigaku*, et se joue masqué comme les différentes formes de théâtre religieux qui l'ont précédé et suggérent la présence des dieux et des démons. Les masques *Nô* représentent, eux, des visages humains – femmes, princes, guerriers – auxquels l'acteur confère des expressions très subtiles en jouant des variations de la lumière sur le masque. Tous les rôles sont tenus par des hommes.

Dans le Japon ancien, composé de petits Etats rivaux, régnait un climat de guerre quasi permanent. Des hommes d'armes, rassemblés par les nobles, s'érigèrent en une caste jouissant de privilèges particuliers : les *samurai*. Ils se dotèrent d'un code de l'honneur, le *bushido,* qui réglait à la fois leur conduite au combat et leur vie spirituelle.

CHAPITRE IV

LA VOIE DES GUERRIERS

L'éventail (*ogi*), élément de commandement réservé aux généraux, était marqué d'un blason, tel celui-ci, portant le soleil rouge sur une face, et la lune sur l'autre. Chaque guerrier combattait en effet sous le blason d'un clan.

La caste des guerriers

Vers l'an 900, le gouvernement central se révèle incapable de faire régner l'ordre, de remédier aux famines et d'assurer la sécurité à travers le pays. Les riches propriétaires de province mettent sur pied et entretiennent des armées personnelles. Pour défendre leurs domaines, ils arment et organisent des groupes de guerriers. Les luttes pour la possession de la terre font croître la puissance et l'importance de ces hommes d'armes. Parallèlement, les nobles ont une influence grandissante sur un empereur qui est mis à l'écart de la direction effective des affaires du pays. Leurs rivalités pour le pouvoir les conduisent à conférer aux guerriers, constitués en une caste puissante, un statut particulier.

A partir du XIIe siècle, ces guerriers (*bushi* ou *samurai*) constituent la caste la plus élevée dans la

A partir du XIe siècle, les guerriers portèrent la «grande armure» dite *ôyoroi*, faite de longues plaques de fer articulées, doublées de cuir, et le casque haut, à cornes, *hoshi kabuto*. A droite, un archer tient à la main le *saikai* en cuir de cheval, instrument de commandement. Le cinéma japonais reprendra les épopées des *samurai* (ci-dessus, une scène de *Kagemusha*, du réalisateur Kurosawa).

pyramide sociale qui divise le Japon en quatre classes distinctes : les guerriers, les paysans, les artisans et les commerçants. Les *samurai* étaient soumis à la noblesse et devaient une allégeance complète à leur seigneur (*daimyô*). Individuellement, ils obéissaient à un code de l'honneur, ou plutôt à une éthique : le *bushido* – la Voie du guerrier. Ce code était destiné à régler selon l'honneur le comportement du guerrier dans les batailles de manière à garder une maîtrise intérieure. Il régissait les relations entre les membres d'un même groupe ou d'une même parenté, leur subordination à un maître.

Au XVIIIe siècle, suivant le code de l'honneur (*bushido*), quarante-sept vassaux fidèles (*rônin* ou « guerriers sans emploi ») attaquèrent le château de Kira pour venger leur maître Asano Naganori. Après leur victoire, ils furent condamnés au *seppuku*, suicide rituel. Cet épisode inspira la plus célèbre pièce de *kabuki*, *Chushingura*, écrite par Chikamatsu Monzaemon et illustrée par Kuniyoshi (ci-contre).

Leur vie était réglée par un profond sens du dépouillement et des mœurs frugales. Au combat, ils devaient exercer la solidarité, l'honneur, la bravoure jusqu'à l'héroïsme. Leur vie appartenait à leur chef qu'ils avaient le devoir de venger, comme l'illustrera la *Légende des quarante-sept rônin* en 1703, exemple le plus fameux de l'abnégation totale des *samurai* qui pouvait les conduire à faire don de leur vie pour leur maître.

Les guerres de clans

Les clans des grandes familles nobles et la caste des guerriers virent grandir leur influence à dater de 1156, alors que l'empereur Sutoku, affaibli et cloîtré, avait dû se résoudre à demander leur protection. Les chefs de clans tentèrent de prendre le contrôle du gouvernement, mais, minés par leurs rivalités, ils durent lutter pour l'hégémonie, et le véritable pouvoir tomba entre les mains des guerriers. Ainsi les luttes restèrent-elles endémiques dans les provinces où le pouvoir des guerriers devint progressivement un état de fait.

Un nombre particulièrement important de *bushi* fut recruté et maintenu sous les armes à la fin du XIIIe siècle, lorsque les Mongols tentèrent par deux fois (en 1274 et 1281) d'envahir l'île de Honshu, avec le soutien des armées chinoise et coréenne. Ces armées ennemies, très nombreuses, rendirent

nécessaires des modifications d'armes et de stratégies. Jusqu'alors, les guerriers étaient surtout des cavaliers. Devant l'ampleur de l'armée mongole, ils durent se battre à pied avec des sabres et des hallebardes. L'issue meurtrière des combats conduisit les *samurai* à modifier leurs armures. Autrefois constituées de cuirasses d'un seul tenant, ils les rendirent plus souples grâce à un agencement de lamelles de métal retenues par des cordons de cuir et de soie tressée.

Les artisans capables de fabriquer les différentes pièces d'armure, masques de guerre, casques, selles, étriers, arcs, flèches et insignes de commandement disposaient d'un statut particulier. Parmi eux, les armuriers, en raison de l'importance des épées et de leur sens mystique, occupaient une place d'honneur. Ils travaillaient vêtus de tuniques blanches, comme les prêtres, procédaient à des purifications rituelles, et le moment où ils trempaient la lame était considéré comme sacré.

Les armures au fil du temps

Les armures (*tanko*) étaient destinées tout autant à protéger le *samurai* qu'à impressionner l'adversaire. Dès l'époque Heian (794-1185), elles étaient faites de plusieurs morceaux adaptés à chaque partie du corps. Légères (environ 10 kilos), elles permettaient une grande liberté de mouvement. Selon les périodes (luttes d'archers, combats au sabre, affrontement à l'arme à feu), leur fonction et leur aspect évoluèrent (ci-contre, des armures des XVIe et XVIIe siècles).

Le fer et la soie

Une armure dans sa totalité devait pouvoir être revêtue très rapidement. Toute une série de sous-vêtements formaient une sorte de rembourrage sur lequel s'attachaient les différentes lanières de l'armure. Les lamelles de fer brut, doré ou laqué étaient retenues par de solides rivets, ou – selon les époques – par des passementeries multicolores en soie. Le casque et les pièces de protection du cou étaient essentiels : l'usage voulait que l'on décapitât son ennemi vaincu. Sur le casque figurait l'emblème de chaque clan. L'évolution des armures doit beaucoup aux maîtres armuriers Myochin. Elles acquirent une telle somptuosité que, du XIXe siècle à nos jours, où elles n'ont plus aucune utilité, elles furent réservées aux parades et aux plus grandes collections. Ci-contre, deux armures du XIXe siècle; au centre, en haut, un casque du XVIIIe siècle et, en dessous, des pièces de protection du XVIIIe siècle.

La « Voie du sabre » et la « Voie de l'arc »

Dans l'esprit du *bushido*, les *samurai* considéraient, tout au long de ces époques de conflits, leurs armes de combat comme l'élément de transmission de leur esprit sur leurs actes. Ils s'attachèrent à les perfectionner, à les décorer et à en définir les normes afin que leur beauté extérieure témoigne de la noblesse de leur utilisation.

Le sabre était pour le *samurai* un objet sacré dont la lame, par sa pureté, symbolisait l'âme du guerrier. Retirer d'un geste lent la lame du fourreau est en soi un langage silencieux. Seule la caste des *samurai* était autorisée à porter le sabre long (*katana*) et le sabre court (*wakasashi*). L'ensemble, appelé *daishô*, évoquait les notions de dignité et de puissance propres à leur caste. Ces armes étaient constituées de plusieurs pièces finement ornées. Les fourreaux des sabres vont de la plus grande sobriété – en bois naturel – jusqu'à des laques d'or richement travaillées et décorées d'un blason (*mon*). La poignée (*tsuka*), la garde (*tsuba*), les cordons de soie sont aussi l'objet de l'habileté des artisans.

Les guerriers conçurent une philosophie appropriée à l'utilisation de l'arc : la « Voie de l'arc » (*kyudo*). En effet, au XIIIe siècle, les *samurai* s'inspirèrent de l'arc mongol, mais en augmentèrent les dimensions pour créer une arme originale.

Le symbole matériel de la vaillance et de la loyauté des *samurai* était le sabre ; il n'était pas seulement une arme, mais l'objet sacré d'un savant culte de l'honneur. Un *samurai* qui perdait son épée n'avait plus de vie, et les soldats vaincus au combat allaient prier au sanctuaire de Hachimen (dieu de la guerre), demandant pourquoi leur épée avait perdu son âme. Les *tsuba* ou gardes de sabres (ci-dessus) devaient toujours être en accord avec la richesse ou la simplicité du fourreau.

Le maniement d'un si grand arc demandait un équilibre de tout le corps et une profonde concentration. La « Voie de l'arc » est essentiellement un exercice spirituel car il s'agit d'atteindre le point où l'homme et la cible ne font plus qu'un.

L'austérité des archers offrait toujours un grand contraste avec le faste des armures de guerre. Au cours des temps, celles-ci devinrent des armures de parade par-dessus lesquelles les *daimyô*, membres des plus grandes familles, portaient une veste de drap et de brocart (*jimbaori*) marquée à leurs blasons, ceux-ci étant regroupés en un véritable code d'héraldique.

Les plus grandes cérémonies de tir à l'arc avaient lieu à Kyoto sur la longue terrasse de bois du Temple aux mille Bouddhas : Sanjusangendo. Le tir lui-même n'était que l'aboutissement d'une longue préparation intérieure de l'archer qui devait purifier son esprit. La contemplation de la cible créait une sorte d'identification entre elle et lui. Lorsque la méditation avait atteint le point suprême, où l'intérieur et l'extérieur ne font qu'un, la flèche partait irrésistiblement vers le centre de la cible. Ce que l'archer vise, c'est le centre de lui-même.

La bataille de Sarashino

Les structures de la société japonaise reposaient sur des clans formés par les plus grandes familles nobles (Minamoto, Taira, Ashikaga...), leurs vassaux, leurs guerriers et leurs serviteurs. Les puissances des familles (ou clans) étaient très variables, tant en nombre qu'en ressources. Des luttes de clans éclataient sporadiquement jusqu'à l'engagement, au XVIe siècle, d'une guerre sanglante pour le pouvoir entre les armées des chefs de guerre Nobunaga et Ieyasu, et celles du seigneur du Kai – Takeda Katsuyori. Leur objectif était de s'assurer du contrôle effectif du pays.

Cette guerre s'acheva par la bataille de Sarashino en 1575 et l'anéantissement des armées de Takeda Katsuyori. Les forces étaient inégales : en 1549, les Jésuites étaient venus au Japon pour convertir le pays. Les navires portugais, à bord desquels ils avaient pu atteindre l'archipel, transportaient des fusils, et les Jésuites les avaient utilisés comme présents persuasifs pour ceux qui se convertissaient à la foi chrétienne. Nobunaga et Ieyasu acceptèrent ce marché. Sur le champ de bataille, ils firent pour la première fois usage d'armes à feu, dissimulées derrière des palissades de bois. Ceux du clan Takeda ne possédaient pas ces armes nouvelles, ils combattaient traditionnellement à cheval, et tous se précipitèrent sur les barrières qui crachaient du feu. Il y eut peu de survivants, et le clan Takeda disparut entièrement en 1582.

La plus grande révolution dans l'art de la guerre fut l'arrivée, au milieu du XVIe siècle, d'une cargaison de fusils à bord d'un navire de missionnaires jésuites venant du Portugal. Ces premiers navires étaient noirs et de grandes dimensions; et surtout leur gréement était très complexe. Les Japonais oscillèrent entre prudence et curiosité : ils étudièrent ces «barbares venus de l'Ouest», et les représentèrent dans des peintures dites *namban* (ci-contre, un navire portugais). La religion chrétienne fit alors au Japon de rapides progrès. Shimazu Takahisa (à gauche), ainsi que plusieurs autres *daimyô*, s'intéressèrent à la religion nouvelle qui fit de nombreux adeptes jusqu'à son interdiction en 1637.

Cette bataille restée célèbre marqua le début d'un changement complet de stratégie, d'armes et d'armures – et le changement, plus important encore peut-être, d'un état d'esprit. L'esprit du *bushido* demeure un code de conduite mais le comportement sur le champ de bataille est exempt des notions d'honneur au profit de l'efficacité des coups portés.

Les vainqueurs allaient s'arroger le titre de *shogun* (chefs militaires suprêmes) et prendre en charge, dès le début du XVIIe siècle, toutes les affaires de gouvernement, tandis que l'empereur conservait son rôle de représentation.

La guerre des clans prit fin avec la bataille meurtrière de Sekihara en 1600 (ci-contre). Le vainqueur, Ieyasu, chef du clan Tokugawa, reçut de l'empereur le titre de *shogun*. Les survivants des armées de Toyotomi s'étaient réfugiés dans le château d'Osaka; c'est là que Ieyasu les encercla et livra la dernière bataille, en 1615. Il ne survécut qu'une année à cette victoire qui donnait définitivement le pouvoir aux Tokugawa. Ieyasu avait installé le siège de son gouvernement militaire (*bafuku*) à Edo. C'est dans cette ville (future Tokyo), que les *shogun* Tokugawa se succédèrent en exerçant un pouvoir de fait sur tout le Japon, tandis que les empereurs continuaient d'incarner à Kyoto un pouvoir symbolique. Le *shogun* tout puissant était libre de prendre toutes les décisions du gouvernement. C'est lui qui, en 1637, interdit le christianisme au Japon. Des milliers de paysans chrétiens se soulevèrent et furent tous massacrés près de Nagasaki. En 1638, le *shogun* déclara le Japon fermé à tous les Occidentaux et fit exécuter les soixante et un membres de l'équipage du dernier bateau qui n'avait pas encore quitté le port.

Le château du Héron blanc

L'introduction des armes à feu entraîna une révision de la conception de l'architecture militaire. Il fallait désormais concevoir des constructions capables de leur résister. En 1581, le *shogun* Hideyoshi fit construire le château de Himeji au sud-ouest de Kyoto, baptisé Shirasagijô – le château du Héron blanc –, en raison de l'étagement élégant et très aérien des toitures reposant sur des soubassements de murs blancs qui attiraient le regard vers le ciel, et supprimaient toute

Himeji était un point névralgique permettant de contrôler le pays depuis l'ouest jusqu'à la capitale impériale, Kyoto. Hideyoshi, futur maître du Japon y fit bâtir une forteresse.

impression de pesanteur. Des fondations massives, faites d'énormes blocs de pierres assuraient – au-delà des douves – la défense de l'ensemble de l'édifice.

L'intérieur du château comportait sur cinq niveaux, autour des appartements du seigneur, tout un ensemble de couloirs fortifiés, de donjons,

d'entrepôts, etc. Pour compenser la puissance oppressante de l'ensemble, les salles d'habitation étaient ornées de peintures sur fond d'or qui leur conféraient un luxe et une luminosité éclatants. Le peintre Kano Eitoku – fils de Kano Shoei – fut chargé de la décoration intérieure. Agé de vingt-trois ans, Eitoku était déjà un artiste de grande réputation; son savoir-faire et sa jeunesse lui donnaient l'audace de jouer avec des surfaces d'or pur non peintes, relevées seulement par quelques arbres, des rochers, des oiseaux qui balançaient le peint et le non-peint en un déséquilibre dynamique; le regard pouvait ainsi se promener autour de la pièce immense sans aucune lassitude. Ce fut l'apogée de la décoration des châteaux, symboles de l'autorité shogunale.

Il fallut neuf années pour imaginer tous les systèmes intérieurs de défense, et construire le château fort du Héron blanc, que personne n'osa assiéger. Les chemins d'accès étaient escarpés et semés de pièges. Onze portes massives gardaient les sentiers conduisant au donjon. Les emplacements fortifiés se succédaient après des détours à angle droit sans visibilité, ce qui permettait aux défenseurs de tirer sur les assaillants par surprise. Dans les vastes salles, les ouvertures sur l'extérieur étaient conçues comme des meurtrières et le sol s'ouvrait par de nombreuses trappes. Trois mille *samurai* étaient de garde. Mais il régnait aussi un climat de divertissement, de musique et de poésie digne de la cour d'un *shogun* (ci-contre, un paravent mêlant légèreté de la composition et couleurs éclatantes).

Le zen est une école de comportement autant que de pensée, qui vise au dépouillement et à la conscience des actes les plus simples de la vie. Venu de Chine, il se propagea au Japon dans la première moitié du XIIIe siècle et se développa dans des monastères et sur les routes avec des moines errants et des poètes. Il inspira plusieurs formes d'art, telles que la cérémonie du thé, l'aménagement des jardins et la calligraphie.

CHAPITRE V

LA VOIE DU ZEN

Les innombrables sujets d'inspiration zen doivent être décryptés comme des symboles. Hotei, le Sisyphe japonais, peint par Hokusai, déplace par la seule force de l'esprit une masse qui le dépasse. Le vieux sage taoïste de Yusho (à gauche) chemine enfin sur le buffle qu'il a su domestiquer.

Les fondements du Zen

Le Zen fut introduit en Chine au VIe siècle par Bodhidharma (Daruma), premier patriarche zen, originaire de l'Inde. Il prôna l'ellipse, le paradoxe, la contradiction, les questions sans réponses, l'incohérence apparente qui sont autant de chocs provoquant l'Eveil. Il se répandit ensuite au Japon grâce aux moines des sectes bouddhistes Soto et Rinzai.

Le Zen se distingue de toutes les autres sectes du bouddhisme traditionnel en ce qu'il est une voie qui, par la méditation autant que par la concentration sur les moindres actes de la vie quotidienne, conduit à l'Illumination (*satori*). Tout travail manuel ou intellectuel qui contribue à sortir l'être de l'état de passivité, participe de ce «chemin d'éveil»; ainsi, les moines zen balayent les cours des monastères et s'adonnent aux tâches les plus humbles.

A fortiori, toute création, toute forme d'art qui sont l'expression du moi profond constituent un enseignement ou du moins un témoignage pour les autres. De tels exercices jouent avec la notion de temps : il faut saisir la vie dans l'instant, sans qu'aucune digression de style ne puisse l'infléchir. D'autre part, il convient de ménager une part d'inachevé ou de vacuité pour que celui qui regarde puisse compléter en lui-même le mouvement, percevoir librement les formes et en comprendre le symbolisme. Dans cette perspective d'éveil du zen, toute œuvre d'art ne vaut que par la vie qu'elle transmet. Elle reste toujours incomplète, ouverte comme le cercle de l'infini, à peine lisible comme les dernières traces sèches d'une calligraphie, esquissée avec un humour qui transforme les moines et les dieux en contours éphémères.

La posture dite *zazen* consiste à avoir la colonne vertébrale droite, le menton rentré comme si la tête soutenait le ciel. C'est l'état juste du corps et de l'esprit : rien à chercher, rien à attendre, être simplement là, ici et maintenant. Le monde extérieur est illimité, le monde intérieur l'est aussi; le regard est comme une porte battante – il n'y a pas de monde, pas de «je», simplement une conscience objective. La position des mains participe également à cette circulation d'énergie entre l'extérieur et l'intérieur (ci-dessous, le sage Tokiyori).

Jitoku, personnage mythique, incarnation de l'innocence, balayait sans fin le sable des allées du monastère et symbolise dans la tradition zen l'une des voies vers la connaissance. Au XVIIe siècle, Sotatsu l'a peint à l'encre (ci-dessus) dans un style très dépouillé.

Daruma, qui apporta le zen au Japon, est ici vêtu de rouge, à l'indienne. Toute la force est contenue dans le regard : de telles peintures étaient destinées à aider les fidèles à sortir du sommeil de l'esprit, de l'ignorance et de l'illusion.

Dans cette peinture de Sesson, les différentes intensités de noir sont utilisées comme des valeurs colorées, et le fond non peint indique l'infini de l'espace; il symbolise la totalité cosmique, dans laquelle il n'existe pas de vide. Notre esprit doit rétablir le lien qui existe au-delà du visible, entre tous les éléments du monde.

L'art de l'encre

La plupart des artistes zen étaient considérés à l'égal des moines, ainsi Sesson ou Soami – à l'époque Muromachi – et le plus célèbre d'entre eux, Sesshu qui, à la fin du XVe siècle, se rendit en Chine pour perfectionner sa maîtrise du pinceau. Lorsqu'il revint au Japon, il ouvrit un atelier où il enseigna l'art de l'encre aux plus grands artistes de son temps. Lui-même se consacra à la peinture de paysages aux montagnes escarpées, aux arbres secs et noueux que lui avait inspirés l'art des Song. Au XVIIe siècle, le peintre Fugai représenta les personnages mythiques du zen comme Daruma, son fondateur, le moine Hotei, etc.

Les œuvres d'inspiration zen sont tracées à l'encre de Chine plus ou moins diluée (*sumi-e*) qui, du noir le plus intense au gris de fumée pâle, évoque un monde non sans réalité mais sans réalisme, non sans formes mais avec des formes en évolution. Totalement dépouillées, ces œuvres libres incitent à l'affranchissement spirituel.

L'art de la calligraphie (*shô*) était très apprécié par la caste des guerriers. Ils y trouvaient une exigence d'être, d'éveil, une ascèse passant par la maîtrise du mental et du comportement qui correspondaient à leur propre éthique. La sûreté et la rapidité du geste pour tracer une calligraphie leur semblaient être en accord avec le perfectionnement intérieur d'eux-mêmes, première exigence du *bushido*.

Tracé d'un seul trait de pinceau au XVIIIe siècle par un calligraphe de quatre-vingt-trois ans, le caractère *Ryu* signifie dragon; il s'enroule sur lui-même et se termine par une simple trace sèche. Deux points font imaginer les yeux de l'animal. L'art est ici à la frontière du signe et du sujet signifié.

La calligraphie ci-contre, faite d'une superposition d'idéogrammes, évoque une répétition de *sutra*; elle est accompagnée de la signature du moine Nichiren (1222-1282). La calme ordonnance des caractères tracés au XVIIIe siècle par Daisui Zengi (ci-dessus) évoque «une hutte tranquille dans la montagne; la nature vient».

Sesshu Tôyô (1420-1506) fut le grand initiateur au Japon de la peinture zen, ou *suibokuga* (peinture à l'encre). Il était fils de *samurai* dans la famille Oda de la province de Bitchû. A douze ans, il fut inscrit comme novice au monastère voisin du Shôkoku-ji. En 1467, il se rendit en Chine, où il étudia le zen, voyagea et apprit la peinture Song. Très impressionné par les paysages de montagnes escarpées et de pins noueux, il réalisa un syncrétisme entre la peinture chinoise et la peinture japonaise. Sa technique de traits anguleux et de pointillisme donne une grande force à ses compositions tourmentées. Sur les fondements des peintures chinoises de lettrés, il sut faire naître un style adapté au Japon dont s'inspireront Soami Motonobu (1476-1559) et tant d'autres.

Le maître de la cérémonie puise de l'eau avec la longue cuiller de bois (*hishaku*) dans la bouilloire (*kama*), placée sur le brasier. En face de lui est disposé le bol (*chawan*) et, à gauche, le *chaïre* qui contient la poudre de thé vert destinée spécialement au *chanoyû*, cérémonie du thé.

Le rituel du «chanoyû»

La cérémonie du thé (*chanoyû*) fut introduite de Chine au Japon à l'aube du XIIIe siècle par Eisai, fondateur de la secte zen Rinzai. Les gestes et les différentes phases sont codifiés dans *Le Livre du thé* (*chajing*) pour devenir un véritable rituel. A la fin du XVe siècle, le *shogun* Ashikaga Yoshimasa fit construire dans sa villa de Kyoto un pavillon destiné à cette cérémonie où le maître de thé Murata Juko officiait spécialement pour lui et ses invités. C'est au XVIe siècle, avec le célèbre maître Senno Rikyû, que

le *chanoyû* se répandit dans toutes les couches cultivées de la société et qu'est définie la «voie du thé» (*sadô*). L'esthétique s'accordait avec l'idéal de dépouillement conforme à l'esprit du zen (*wabi* – le dépouillement, *sabi* – usure témoignant du passage du temps).

Les dimensions de la pièce où avait lieu la cérémonie répondaient désormais à des normes très précises : la surface au sol était de quatre *tatami* (rectangles tressés) soit environ neuf mètres carrés. On y accédait par une porte basse; à l'intérieur, la sobriété des couleurs s'harmonisait avec le vert du thé, et les matières – le bois et le papier – évoquaient la nature. Dans un *tokonoma* – espace proposé à la méditation –, on prenait soin de présenter une peinture à l'encre ou une calligraphie, en accord avec l'esprit du thé, et un arrangement de fleurs – *ikebana* –, d'une pureté et d'une simplicité aussi grandes que possible. Tous les objets employés au cours du rituel étaient d'une matière (fer, terre, bambou) dont on respectait la nature, et de formes dont l'apparente rusticité procédait en réalité d'un extrême raffinement. Les *chawan* (bols en céramique), quant à eux, sortaient des fours de Bizen, de Seto, de Shino, de Raku ou d'Oribe.

Les *chawan* utilisés pour la cérémonie provenaient de différents fours situés dans le Kensai. Ils différaient par leur forme plate ou haute et la couleur de l'émail, blanc pour les *shino*, rouge-orangé pour les *rakku*; le noir était également très recherché pour ces bols dont la couleur devait s'accorder à celle du thé vert. Ils devaient donner une impression de simplicité et s'accorder aux gestes de la main.

L'art des jardins zen

Le pavillon de thé se trouvait situé généralement un peu à l'écart, dans un jardin de petite dimension destiné à la méditation, et lui-même entièrement conçu selon les règles du *chanoyû :* les plantes à fleurs y étaient rares et les différentes essences d'arbres étaient choisies en fonction de leurs feuillages sombres afin de donner une impression d'harmonie, de respect, de pureté, de tranquillité (*wa, kei, sei, jaku*), et surtout de naturel. Certains éléments étaient toujours présents dans la composition de tels jardins : quelques pierres irrégulières dans un sentier aux galets de couleurs variées, des bambous, une lanterne de pierre, une vasque sur laquelle reposait une cuiller de bambou à long manche pour la purification.

L'un des plus anciens, le Koketera ou « jardin des mousses », fut composé au début du XIVe siècle par Mûso Soseki. Il comportait un lac et des îles qui symbolisaient le paradis du Bouddha; les mousses de différentes natures et intensités de vert donnaient une impression de paix propice à la contemplation. Soseki réalisa également le jardin du Tenryu-ji, constitué essentiellement de pierres et de buissons, taillés et disposés en fonction des floraisons aux différentes saisons. Ce sont souvent des peintres qui concevaient les jardins des temples zen; ainsi Sesshu qui, à la fin du XVe siècle, établit les plans de celui du temple Tôfuku-ji où l'on pouvait retrouver des évocations de peintures chinoises.

Au Pavillon d'argent (Ginkaku-ji), créé au milieu du XVIe siècle, le lac était bordé d'un côté par une rivière de sable ondoyant d'où émergeait une diversité de pierres disposées selon le

Le Pavillon d'or (Kinkaku-ji) faisait partie au XVe siècle de la demeure du *shogun* Yoshimitsu et s'appelait alors *Kitayama-dono* (le palais des montagnes du nord). L'ensemble fut transformé en monastère, dont seul subsiste le Kinkaku-ji (ci-dessous), à trois niveaux, dont le dernier, surmonté d'un phénix, est un sanctuaire. La beauté surnaturelle du Kinkaku-ji est due à son plan inspiré par la rigueur des nombres.

symbolisme du *Livre secret des jardins* (*Sakutei-ki*, de la fin du XIIe siècle). Devant le pavillon lui-même, une grande aire de sable blanc ratissé et élevé en un monticule excentré, était destinée à être contemplée au clair de lune comme une vision d'une blancheur irréelle de mer et de montagnes.

Quant au célèbre Pavillon d'or (Kinkaku-ji), édifié en 1397 pour le *shogun* Yoshimitsu, il se reflète comme par magie dans les eaux tranquilles d'un lac. C'est, avec la villa Katsura, l'un des ensembles architecture-jardin les plus prestigieux du Japon.

Les «jardins secs»

Les jardins de sable et de pierres, ou «jardins secs», livraient à la méditation des moines la vision d'un vide parcouru de mouvements profonds, que seuls des ondoiements révélaient à la surface du sable. Des pierres dans leur état naturel, irrégulières, à la forte présence symbolique, évoquaient, au Daitoku-ji, la silhouette du Bouddha en méditation, au Daisen-in, la trinité bouddhique et la représentation de la

L'entrée dans les jardins des monastères est toujours précédée d'une purification à l'eau fraîche coulant d'un bambou (à gauche); une cuiller de bois à long manche permet les ablutions rituelles.

Les bâtiments des monastères sont entourés de plusieurs jardins dont l'esprit correspond à celui des salles qui leur donnent accès. Dans un même temple, on peut donc trouver un «jardin sec» pour la méditation et ailleurs un «jardin de mousse» (ci-dessus) ou d'eau bordée d'arbres dont les feuillages s'harmonisent entre eux.

Le terme «jardin sec», utilisé par opposition aux jardins arborés est attribué aux seuls jardins de monastères, où ils constituent un espace de sable blanc, dont le vide incite à la méditation et à la vacuité intérieure. Nul vertige ne peut atteindre celui qui parvient à pénétrer cette abstraction les yeux ouverts. Les principaux sont situés à Kyoto dans l'enceinte des Ryôan-ji, Daitoku-ji, Nansen-ji, Daisen-in, Ryogen-in, etc. Le sable est ratissé chaque jour par les moines, afin qu'aucune trace, même de vent, n'intervienne dans la régularité des sillons qui forment comme un océan immobile. Trois monticules de sable, disposés de telle sorte qu'on ne puisse jamais en apercevoir que deux, ou ailleurs, quinze pierres qui, non plus, ne peuvent jamais être toutes vues en même temps, donnent à celui qui les contemple la certitude de ne pouvoir appréhender la totalité du monde : ce qui est invisible pour les yeux, il doit le trouver en lui-même. Les pierres levées et disposées symboliquement sont mises en place au cours d'un rituel auquel seuls les moines assistent.

complexité de l'univers dans le savant agencement d'un microcosme. Mais au monastère du Daisen-in – conçu vers l'an 1513 par le peintre Soami – le plus remarquable est certainement l'espace rectangulaire de sable blanc, ratissé chaque jour, et ramené en trois monticules dont l'un n'est jamais visible quelle que soit la place d'où l'on contemple cette aire conçue pour inspirer un intense sentiment de sacré.

Il existe une parenté entre le jardin de sable du Daisen-in et celui du Ryôan-ji, le plus célèbre sans doute des jardins de monastères zen. L'aire de sable blanc y est régulièrement ratissée en ondes qui encerclent quinze pierres de formes irrégulières et de tailles différentes, disposées selon un ordre qui n'est pas apparent mais perceptible. Le Ryôan-ji évoque le culte shintô où chaque pierre, sacrée, doit être placée selon sa nature propre. Un tel espace net et pur est une aire destinée à accueillir les dieux. Le jardin de sable et de pierre du monastère du Ryôan-ji donne d'autant plus cette impression d'espace réservé à l'invisible

Matsuo Bashô (1644-1694) fut moine et poète. Dans ses *haiku* – courts poèmes – proches de l'esprit des *koan* – paraboles zen –, il feint de «laisser les mots rêver sur les mots». Hakuin, moine et grand rénovateur du zen, avec Sengai, au XVIIIe siècle, ne négligeait pas la peinture à l'encre et la forme poétique (ci-dessus) pour proposer son enseignement. Hitomaro (à droite), qui vécut au VIIIe siècle, fut souvent représenté comme le poète à l'esprit élégant par excellence. Il fait partie des poètes les plus célèbres du Japon les *Rokkasen*.

– à la méditation et aux dieux – qu'au-delà des murs qui l'entourent, une végétation dense se dresse vers le ciel dans un élan vigoureux. Ces jardins participent, à l'égal des peintures à l'encre ou des poèmes, à une voie de transmission du zen, la voie aride de l'Eveil.

La parenté des moines et des poètes

Au Japon, la poésie est liée aux rencontres des esprits cultivés, et elle constitue l'une des bases essentielles de l'art de la calligraphie. Les *koan* (formule courte et elliptique sans signification apparente) sont une expression brève et symbolique de la pensée zen. Ce type de langage, délibérément provocateur, a pour fonction de faire réfléchir celui à qui il est adressé. Il n'est pas sans lien avec les différentes formes de poésie, particulièrement le *haiku* (poème de forme brève et allusive), qui se développa dans la deuxième moitié du XVIIe siècle avec Issa et Bashô, dont le nom à lui seul évoque cette forme poétique. La littérature, la peinture, plus tard l'estampe, s'inspirèrent largement de l'univers des poètes.

Lorsqu'en 1615 débuta la période Edo, sous l'égide des *shogun* Tokugawa, la poésie créa un lien naturel entre la culture nouvelle de l'*ukiyo-e* vouée au culte profane du «monde éphémère» et l'éthique austère du zen, qui incitait à prendre conscience de soi-même dans l'instant. La calligraphie, par les dégradés d'encre et les traces du pinceau, évoquait autant l'éternité que la fuite du temps.

哥麿筆

Etrangère aux temples et à la Cour, la classe la plus basse de la société, celle qui n'avait aucun droit à la vie publique, s'empara à la fin du XVIIe siècle de la ville du *shogun*, Edo, par les seules armes du talent et d'un génie capable d'inventer un langage esthétique entièrement nouveau. Ainsi naquit l'*ukiyo-e,* l'art du monde flottant, qui trouva ses principales formes d'expression dans l'estampe et le théâtre *kabuki*.

CHAPITRE VI

L'ÉPOQUE EDO : LA VIE EST UN THEÂTRE

Kitagawa Utamaro (1754-1806), maître de l'estampe (*Deux femmes attisant le feu,* à gauche) ou Tsuchida Soetsu (1660-1745), créateur de cette boîte de médecines (*inro*), travaillaient à la gloire des gens des villes, les *chonin,* mécènes dont ils embellissaient la vie quotidienne.

L'émergence d'une nouvelle classe sociale

L'arrivée des navires portugais, au XVIIe siècle, avait permis l'enrichissement de marchands japonais dont la fortune était, pour certains, à ce point considérable, qu'ils étaient devenus les banquiers des nobles et des *samurai*. Ils en vinrent à acheter des titres et des demeures qui faisaient d'eux les égaux des plus puissants, sans pour autant leur conférer le moindre droit politique ou social. Tenus à l'écart de la société féodale, ils en inventèrent une autre, une sorte de république des artistes, où le talent tenait lieu de noblesse et l'esprit de liberté.

Les riches marchands agirent en mécènes et commanditèrent un art nouveau dont les sujets

L'entrée des échoppes était protégée par des *noren*, rideaux de toile décorés, qui servaient en même temps de publicité, les maisons les plus connues ayant chacune, tel un blason, un signe distinctif.

étaient empruntés à la vie quotidienne des *chonin* (gens des villes), au théâtre nouveau, le *kabuki*, et aux courtisanes, célèbres par leur beauté autant que par leurs dons de musiciennes et de danseuses. Autour d'elles se regroupaient les peintres, les écrivains, les éditeurs, et toute une élite cultivée qui se côtoyait dans une grande effervescence de l'esprit et du goût.

Dans les rues d'Edo et d'Osaka se rencontraient les personnages les plus divers : guerriers, moines, colporteurs, femmes du peuple, courtisanes et leurs servantes, acteurs suivis de leurs admirateurs.

Les premières années du XVIIe siècle : une période charnière

En 1615, lorsque débute l'époque Edo, les *shogun* du clan Tokugawa installent leur gouvernement et leur cour dans la nouvelle capitale, Edo (future Tokyo); l'art vit alors une période charnière d'où se dégageront les grandes lignes de l'*ukiyo-e*, et qui permettront à cet art nouveau de conserver des liens avec les plus anciennes traditions.

Tandis que les artistes des écoles Kano et Tosa poursuivent pour les *daimyô* la décoration fastueuse des palais, des peintres comme Matabei s'attachent à représenter les plaisirs d'une société d'esthètes à travers « des peintures de genre » – dont les célèbres *Grandes Danseuses* –, des scènes de rues ou des fêtes dans les jardins. Ces thèmes profanes sont une nouvelle source d'inspiration qui tranche avec les sujets littéraires, religieux et nobles des œuvres précédentes.

Les laqueurs connurent une ère florissante pendant la période Edo, créant de nombreux objets pour les *daimyô,* notamment des coffres de voyage de laque (à droite), marqués de leur blason d'or (*mon*). Pour les riches *chonin*, ils ornaient des boîtes de médecines et des coffrets à papier raffinés (en haut, à droite). A la fois peintres, laqueurs, décorateurs, les plus grands artistes étaient souvent sollicités pour créer des motifs de *kimono* destinés aux danseuses célèbres et aux plus belles femmes.

Les Portugais présents au Japon concourent à ce bouleversement de la vie culturelle, en pratiquant des échanges avec les marchands du port de Nagasaki qui transportaient et revendaient dans l'ensemble du pays leurs denrées nouvelles et exotiques. Ils favorisèrent ainsi l'évolution d'un art de l'objet auquel les artistes décorateurs Korin et Kenzan donnèrent la place d'un art majeur. A l'époque Edo, les *netsuke* – sorte de boutons d'ivoire ou de bois –, les *inro* – boîtes à médicaments divisées en compartiments que l'on porte à la ceinture –, les étuis à pipe, les peignes de laque, les coffrets incrustés d'or et de nacre... toutes choses enfin liées à l'élégance de la vie quotidienne furent appréciées par de véritables amateurs, puis des collectionneurs.

Les «peintures de genre» précédèrent l'éclosion de l'art de l'estampe, mais elles en annonçaient déjà quelques caractères. *Les Grandes Danseuses* (détail à gauche) d'Iwasa Matabei (v. 1578-1650), apothéose d'un art finissant, dans le rouge, le noir et l'or, mettent en scène la somptuosité des vêtements, rappelant celle de la cour shogunale. Ces danseuses ont été à l'origine du premier théâtre *kabuki*; leur grâce a inspiré les acteurs *onagata*, interprètes des rôles féminins. Leur attitude souple (dite «en S») sera reprise, deux siècles plus tard, par les peintres «nabis», au moment où l'Europe recevra l'influence du Japon. L'œuvre de Matabei servira de modèle pour le portrait de *Madame Monet à l'éventail*.

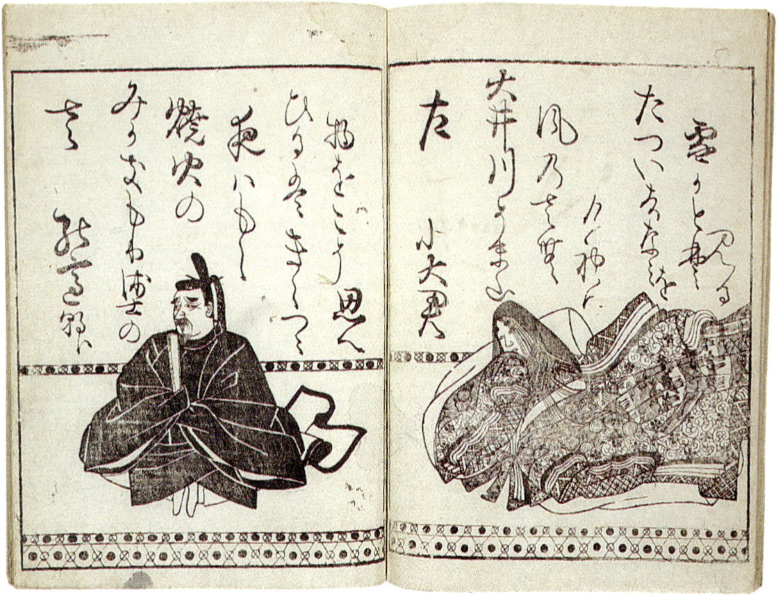

L'« ukiyo-e »

Le terme *ukiyo-e* désigne l'art des graveurs d'estampes, ainsi que celui des peintres et des écrivains qui travaillèrent dans le même esprit. Il signifie « images du monde flottant » et fut employé pour la première fois par l'écrivain Asai Ryôi en 1661. Il reprend la notion bouddhiste de l'impermanence du monde visible imprégnée de mélancolie poétique. La conscience d'un temps compté et un amour passionné pour les choses les plus simples de la vie inspirent aux artistes le désir de représenter leur propre existence, dont personne ne s'était jusque-là soucié.

Les relations entre les peintres, les écrivains et les poètes vont rester constantes à travers tout l'*ukiyo-e*. Les premières œuvres imprimées, considérées comme le point de départ de cet art, furent des livres ou des albums, inspirés par des romans et des contes anciens, ou par les œuvres des trente-six poètes de l'époque classique. L'ouvrage célèbre *Sanju rokkasen*

C'est au tout début du XVIIe siècle que se développe l'estampe, dont la technique fait intervenir la virtuosité du graveur qui sculpte en relief, sur un bois de cerisier, toutes les lignes (souvent fines comme un cheveu) ou les à-plats indiqués par le dessinateur. Enfin, l'imprimeur applique, avec une grande précision, le papier encore humide sur les planches enduites d'encre ou de couleur, tout en usant de repères sommaires. *Sanju rokkasen* (*Les Trente-Six Poètes*, 1610), album en noir et blanc, marque la naissance de l'estampe (ci-dessus).

(*Les Trente-Six Poètes*), publié en 1610, avec des calligraphies attribuées à Kôetsu est ainsi enrichi de gravures représentant le portrait de chacun des poètes.

Les moines bouddhistes, les premiers, avaient utilisé la technique de la gravure sur bois, héritée de la Chine, pour imprimer des images et des textes sacrés. Ces mêmes moines avaient organisé des écoles pour les enfants des *chonin* à qui ils enseignaient la lecture et l'écriture, et par là même leur permettaient d'avoir accès à la culture traditionnelle du Japon. Sans cet enseignement, toute une partie de la population aurait été tenue à l'écart d'une culture réservée aux enfants de la noblesse et de la caste des guerriers. La position dominante des grands ordres monastiques permettait cette transgression fondamentale. Ainsi les artistes de l'*ukiyo-e* passés dans leurs écoles connaissaient non seulement les grands textes du bouddhisme, mais aussi l'œuvre des poètes célèbres, et le *Genji monogatari*.

Les portraits des poètes sont attribués à Tosa Mitsushige; les calligraphies sont de Kôetsu (à gauche) : elles ont été imprimées séparément à l'aide de caractères mobiles. *Soga monogatari, Le Drame des frères Soga*, (v. 1646, ci-dessus) a été rehaussé à la main, de couleurs : safran, puis vert mousse. La multiplication des rehauts plaça l'estampe dans l'univers esthétique des peintures. Ci-contre, une fête agraire (*matsuri*), estampe de Jihei, rehaussée de vert et de jaune.

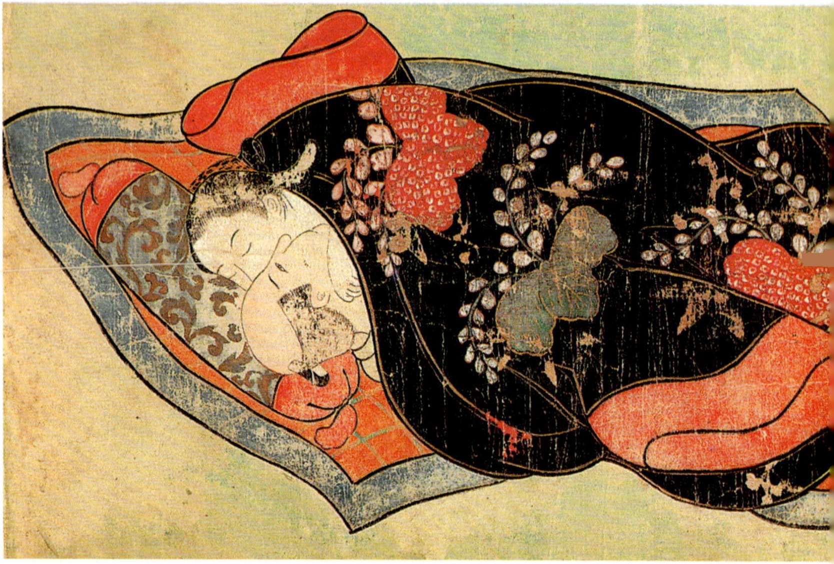

Les maîtres de l'estampe

La première estampe imprimée en deux couleurs, dite *benizuri-e* (ci-dessous), est l'œuvre de Masanobu (1750).

A l'origine, les estampes étaient austères, imprimées seulement en noir et blanc (*sumizuri-e*). Le premier artiste dont le nom resta lié à l'histoire de l'estampe fut Moronobu (v. 1683), considéré comme un maître pour la sûreté de son trait et la vie qu'il savait introduire dans ses compositions. Outre de très nombreuses estampes isolées, il illustra un certain nombre de textes célèbres comme le *Genji monogatari* en 1680 ou *Les Images des sols et des bois* en 1683, ouvrage déjà rehaussé à la main de couleurs minérales ocre et jaune. Ces premiers rehauts, qui flattaient le goût du public habitué par les peintures et les paravents au chatoiement des couleurs, incitèrent les artistes à entreprendre des recherches pour une impression polychrome.

Néanmoins, nombre d'entre eux poursuivirent la création d'estampes en noir et blanc, tel Sukenobu (v. 1710) spécialisé

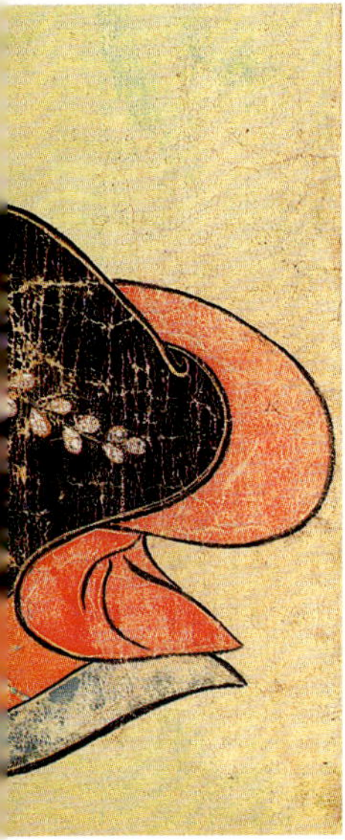

La liberté des mœurs dans la société hédoniste de l'*ukiyo-e* justifiait la représentation de scènes dites «éducatives» (les *shunga* ou «images de printemps») publiées dans des livres tel que *Les Commentaires de la vie de cent femmes* (1723) de Sukenobu, auteur également de scènes érotiques (à gauche). Les couleurs dont elle a été rehaussée donnent à cette estampe la somptuosité d'une peinture et plus que la scène elle-même – un couple étendu sous un kimono –, elles créent par leur force et leur harmonie le climat d'érotisme.

L'évolution de l'art de l'estampe prend un tournant décisif dans les années 1760, avec l'utilisation du *kento* dont Harunobu (1724-1770) utilisa toutes les possibilités pour créer les précieuses «estampes de brocart» (*nishiki-e*). C'est également Harunobu qui composa la seule estampe connue où intervienne l'ombre solaire. Une jeune femme qui s'abrite sous une ombrelle contemple son ombre projetée au sol (ci-dessus). Or, jamais une telle ombre n'intervient dans l'art japonais qui ne tient pas compte de la lumière changeante et du passage du temps.

dans les scènes de la vie quotidienne des femmes et dans les scènes érotiques (*shunga*). Sugimura Jihei (v. 1690), au style fort et dépouillé, s'attache le premier à représenter des courtisanes et des acteurs. Il annonce le groupe des Kaigetsudo (v. 1715), célèbres pour leurs portraits de femmes, auteurs de grandes estampes comparables à des peintures. Pendant la même période, Kiyomasu, fondateur de la lignée des Torii, se spécialisait dans la figuration de scènes de *kabuki* et d'acteurs dans leurs rôles les plus connus.

Au cours des années 1745-1750, l'estampe en couleurs se généralise : Toyonobu et Masanobu réussirent à imprimer le rose et le vert (*benizuiri-e*), faisant ainsi franchir un pas décisif à la méthode d'impression des estampes. Masanobu, à la même époque, ajouta le jaune, le brun et l'ocre selon la technique dite *urushi-e*. Mais il fallut attendre, non pas l'invention mais l'utilisation méthodique par l'éditeur Uemura Kichiemeon, d'un truc de métier, le *kento*, pour que toutes les couleurs puissent être imprimées sur une même estampe. Situé à l'angle des

L'ouverture, à la fin du XVIIIe siècle, du grand théâtre de *kabuki* à Edo, suscita un enthousiasme populaire qui ne se démentit jamais. Dans les années 1660, le *kabuki* avait pris sa forme définitive : l'architecture de la salle structurée en stalles et le long chemin (*hanamichi*) qui, à gauche, passe parmi les spectateurs pour permettre à l'acteur principal d'atteindre la scène. Les décors très complexes permettent des changements à vue adaptés à la représentation de drames inspirés par les légendes et les récits épiques et aussi par l'univers fantastique. Les héros sont très typés, qu'il s'agisse du protagoniste (*tachiyaki*) et de son ennemi (*katakiyaku*) ou des nombreux autres personnages qui les entourent. Le célèbre auteur Chikamatsu Monzaemon écrivit, entre autres *Les Quarante-Sept ronin.*

planches, il servait de butoir à la feuille de papier qui, reportée très exactement de bois en bois, pouvait ainsi recevoir successivement les différentes couleurs. Harunobu, le premier, utilisa ce procédé dans les années 1760-1768. Il obtint des résultats si subtils et harmonieux, que ses œuvres furent nommées les «estampes de brocart» (*nishiki-e*). Il révolutionna également les thèmes des estampes, cherchant son inspiration dans les gestes les plus simples de la vie quotidienne des femmes et des enfants. Il retrouva l'émerveillement des premiers maîtres devant la beauté simple d'une vie qui jusqu'alors avait été complètement négligée par les artistes officiels.

Les représentations du kabuki

A la fin du XVIe siècle apparaît une nouvelle forme théâtrale, issue des spectacles de danses et de marionnettes. Les pièces évoquent des sujets épiques et des légendes. Rapidement, le genre s'établit et des dramaturges tel que Chikamatsu Monzaemon composent des pièces pour de grandes familles d'acteurs reconnaissables à leur blason (*mon*) autant qu'à leur maquillage de scène. En 1629, un édit du *shogun*, destiné à lutter contre les mœurs dissolues du monde des acteurs, décrète que tous les rôles seront tenus par des hommes.

Ce théâtre nouveau, avec sa scène, ses spectateurs, ses loges, et surtout ses héros de légendes, constitue une inépuisable source d'inspiration pour les artistes

En 1649, un édit frappa les jeunes hommes qui avaient remplacé les femmes, interdites de scène par l'édit de 1629; ce sont alors les hommes d'âge mûr qui incarnèrent tous les rôles de femmes (ces rôles travestis sont dits *onagata*). Sur un maquillage blanc très épais, l'acteur redessine ses yeux, ses sourcils, sa bouche. Il est ensuite vêtu de son costume de femme, le dernier stade étant la pose de la perruque. Sharaku a été le portraitiste impitoyable de ces héros : ci-dessous, l'acteur Matsumoto Yonesaburo, dans le rôle d'*onagata* de Kenaizaka No Shosho (v. 1794).

de l'*ukiyo-e*. Toyokuni (1769-1825) et surtout Shunsho (1726-1792) furent parmi les grands auteurs d'estampes attachés aux pas des acteurs, à l'intérieur du théâtre comme dans les rues de la ville. Le plus célèbre fut sans conteste Toshusai Sharaku, dont l'œuvre se résume dans la production d'une seule année, 1794. Ce météore de génie, probablement acteur lui-même, ne réalisa que des portraits d'acteurs en gros plan avec un réalisme tel qu'il fut soupçonné de leur voler leur âme. Il mourut assassiné.

春潮画

鳥居清重筆

Chaque rôle du répertoire du *kabuki* était attribué à une famille d'acteurs qui l'incarnait de génération en génération, et chaque famille, à l'égal des familles seigneuriales et des *samurai*, possédait un blason (*mon*) qui permettait d'identifier tel ou tel acteur. La lignée la plus célèbre était (est encore) celle de Danjuro, au grand kimono rouge marqué de trois carrés blancs, le héros redresseur de torts acclamé à chacune de ses apparitions (au centre, par Kiyoshige, l'acteur Danjuro II en costume de scène). Dans les rues d'Edo, les acteurs célèbres avaient un véritable statut de «stars», avec lequel seules les grandes courtisanes (*oiran*) pouvaient rivaliser. Les auteurs d'estampes se pressaient pour faire leur portrait, que d'innombrables admirateurs se disputaient aussitôt. Ci-contre, Danjuro V, dans le rôle de Saka Kintoki, par Shunsho (v. 1781), et à gauche, l'acteur Segawa Kikunojo, dans un rôle d'*onagata*, portant le blason des Sai-on-ji, par Shuncho (v. 1770).

A Edo, le Yoshiwara, comme à Kyoto, le quartier de Shimabara résonnait de musique, de rires, de conversations. Auprès des courtisanes, achetées et éduquées par les propriétaires des maisons de thé, les artistes trouvaient un climat d'émulation (ci-contre, une maison de thé à Kyoto, par Shigenaga, vers 1745); certains y passaient presque leur vie, dans un esprit libre et frondeur qui leur valait la suspicion du pouvoir. La caricature était pour eux une forme de liberté d'expression et était tolérée (ci-dessous, acteurs de *kabuki* par Kuniyoshi) pour peu qu'elle n'atteigne pas le *shogun* ou son entourage.

Le quartier du Yoshiwara

Un autre grand courant d'inspiration de l'*ukiyo-e*, et certainement le plus célèbre, fut l'univers du Yoshiwara, également connu sous le nom de «maisons vertes», en raison du quartier de marécages et de bambous en contrebas de la rivière Sumida à Edo, où était reléguée toute la vie de plaisirs, de beauté et d'intelligence. Dans ce quartier réservé, vivaient les grandes *oiran* (courtisanes de premier rang), leurs jeunes suivantes (les *maiko*), et plus tard les *geishas* ou femmes de compagnie. Auprès d'elles venaient les acteurs et les peintres célèbres, les écrivains, les éditeurs – entre autres, le grand Tsutaya qui imprimait les estampes les plus raffinées de son temps. Tous formaient une communauté d'artistes, où régnaient l'émulation, les rivalités, et l'effervescence des idées nouvelles que redoutait tant le pouvoir. Ce dernier faisait contrôler le Yoshiwara par des hommes en armes et des censeurs qui vérifiaient les estampes et les livres, afin d'éliminer toute œuvre subversive. Les sanctions étaient sévères : pour avoir transgressé un édit ou s'être moqué d'un personnage officiel sous le couvert d'un dessin satirique, Tsutaya vit

son magasin entièrement détruit. Utamaro, lui-même, dut porter pendant cinquante jours des menottes de bois qui l'empêchaient de travailler.

Même les peintres de paysages, par le seul fait qu'ils étaient doués d'humour, représentaient un danger pour les autorités : Hokusai, par son irrévérence envers les personnages officiels et son mépris des honneurs, Hiroshige qui croquait des caricatures au détour des chemins, et préférait à toute la Cour la compagnie des moines, ou encore Kuniyoshi qui fit un portrait peu flatteur de la favorite du *shogun*.

Tous ces artistes de l'époque Edo, même s'ils se consacrèrent essentiellement à l'estampe, ne négligèrent pas pour autant cet autre aspect de l'art *ukiyo-e* qu'est la peinture. Ils connaissaient parfaitement les peintres de l'école Tosa ou de l'école Kano, avec qui ils avaient souvent travaillé, se formant aux techniques traditionnelles dans les mêmes ateliers qu'eux. Moronobu par exemple, réalisa dans le plus pur style Tosa une paire de paravents montrant la vie des acteurs dans les coulisses du théâtre de *kabuki*, le Nakamuraza à Edo.

Cette estampe *shunga* (v. 1788, la première sans doute d'une série érotique), l'une des plus célèbres de l'art *ukiyo-e*, porte sur l'éventail le nom d'Utamaro. Les deux amants sont perdus dans un face à face dont nous sommes exclus (ou voyeurs). L'érotisme naît de détails subtils plus que du sujet lui-même. Le Yoshiwara était devenu pour Kitagawa Utamaro (1754-1806) son véritable atelier; il vivait avec ses modèles dont il était l'amant ou le confident, et elles se pressaient pour être immortalisées par lui.

L'influence occidentale

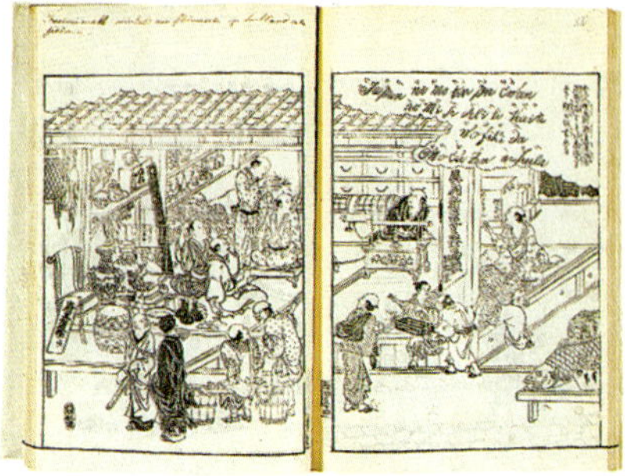

Au XVIIIe siècle, un petit nombre d'artistes et de lettrés se rendaient à Nagasaki, ville située en face de l'îlot de Deshima où se trouvait la colonie hollandaise, seule présence européenne tolérée par les autorités shogunales après la fermeture du Japon aux étrangers en 1638. Les Hollandais assumaient là une sorte d'ambassade de la culture occidentale : ils diffusèrent les travaux de Copernic, d'Ambroise Paré, de Daguerre ainsi que des gravures reproduisant des peintures italiennes. Ces dernières inspirèrent aux Japonais une grande curiosité pour la perspective occidentale qui révolutionnait la vision globale du monde, et plus particulièrement celle du paysage – héritage de la pensée philosophique du Tao.

La fermeture du Japon aux étrangers laissa néanmoins subsister une colonie hollandaise à Deshima, où les Japonais allaient étudier la langue et l'écriture des «Barbares» (ci-dessus, un livre à double écriture).

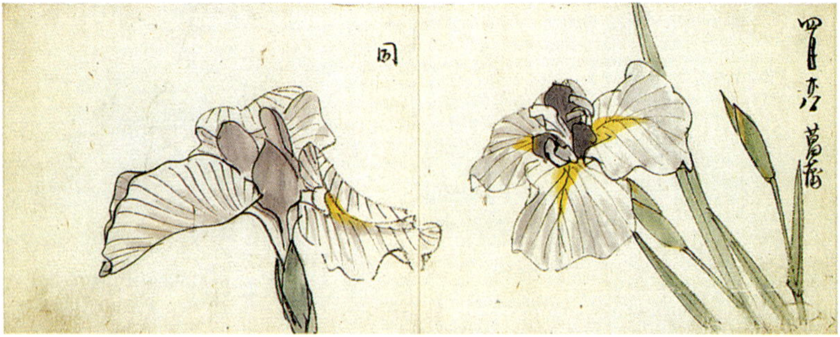

Les Hollandais firent également connaître aux Japonais la botanique, l'anatomie, etc. Le rôle des livres occidentaux dans l'évolution de l'art japonais et la circulation des connaissances furent essentiels. Au cours du XVIIIe siècle, un certain nombre d'estampes raffinées de format *surimono* (format carré), réalisées sur commande de clubs aux peintres et aux poètes, reprirent le thème du livre, de l'écriture et de la lecture. Les natures mortes constituèrent le sujet principal des *surimono*, établissant ainsi un lien

Japonais et Hollandais partageaient la passion des plantes, échangeant des bulbes et des greffes, cherchant à les adapter aux différents climats. Les iris, cultivés au Japon dans des «jardins d'eau» inspirèrent de nombreux artistes (ci-dessus, Nanzan, XIXe s.).

Les Hollandais avaient transposé en gravures des peintures italiennes représentant Venise ou les ruines de Rome. Utagawa Toyoharu (1735-1814, ci-contre) s'en inspira pour des estampes composées à l'identique. Les notions occidentales de perspective et d'espace apparaissent là pour la première fois dans l'art japonais. De même que les objets venus d'Occident, verrerie, porcelaine, considérés comme rares et étranges (ci-dessous).

entre l'art graphique et celui de l'objet. Les plus grands auteurs s'y exercèrent, tels Shunman, Eishi, Gakutei ou Hokusai, qui en firent un art raffiné.

浅倉庵三笑
七十九画

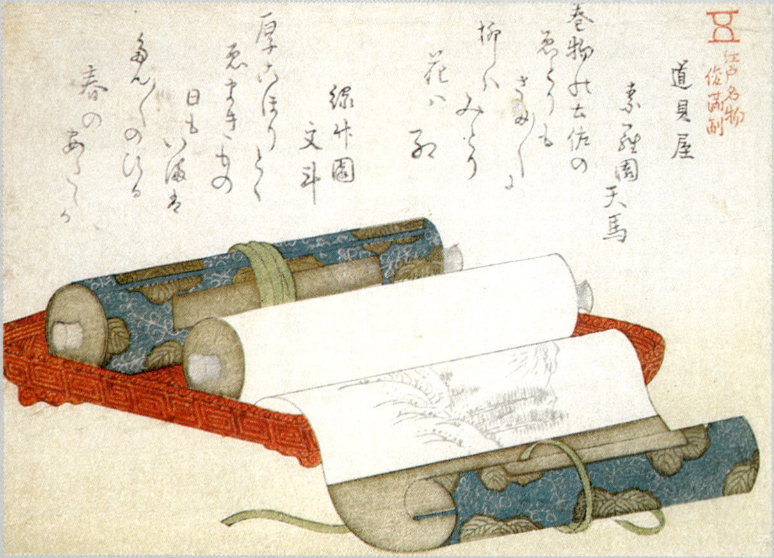
道見屋
東籬園 天馬

Les *surimono* étaient commandés par des clubs à des poètes et à des peintres qui composaient une œuvre commune pour célébrer un événement particulier ou présenter des vœux de Nouvel An. Sur des papiers carrés, épais et pelucheux, les rehauts d'or et d'argent et les gaufrages blanc sur blanc révélaient toutes leurs subtilités lorqu'on les faisait jouer sous la lumière. Les natures mortes figurent parmi les thèmes les plus raffinés des *surimono,* transmettant à la fois la réalité et la poésie de la vie quotidienne. Ci-contre, *Les Cachets* de Shigenaga (1739-1820), *Les Rouleaux de peinture emaki* de Shunman (1757-1820), *La Bibliothèque* de Gakutei (v. 1786-1868), et *Le Koto* – instrument de musique – de Shinsai (v. 1764-1820).

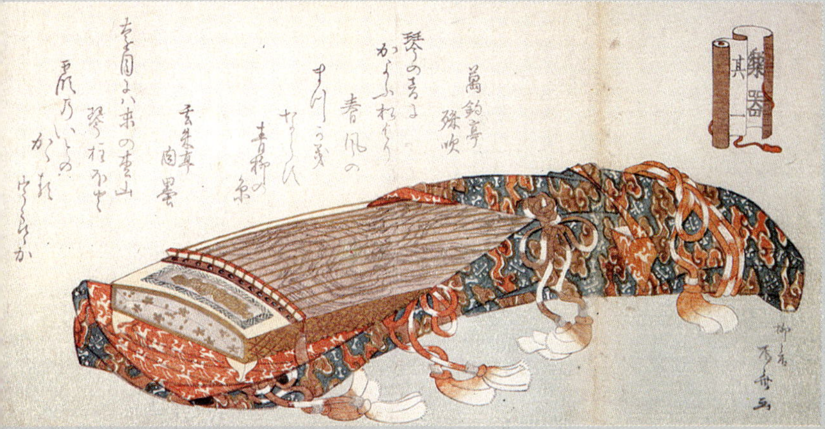

Trois marginaux

Parallèlement à l'art de l'estampe, se développèrent deux écoles nouvelles de peinture : l'école Nanga ou Bunjinga, qui était un retour au modèle chinois des peintures de lettrés, et l'école Shijo, qui se basait sur une observation naturaliste du monde environnant, végétal et animal.

En outre, à Kyoto, trois artistes, Jakuchû, Shohaku et Rosetsu, véritables marginaux de la société, réalisèrent des œuvres hors normes qui leur valurent le nom d'«excentriques». Ils considéraient la création artistique comme l'expression absolue de la liberté, luttant ainsi contre l'emprise sur les esprits des courants religieux orthodoxes, et du contrôle omniprésent de l'Etat. Le Zen, avec son laconisme et ses apparentes incohérences, les réunissait dans leur souci de dépasser le formalisme.

Ito Jakuchû (1716-1800) figura des coqs comme un exercice quotidien de méditation – les coqs rouges de la violence et les coqs noirs des chants de l'aube. Soga Shohaku (1730-1781) peignait à la brosse imprégnée d'encre des sages un peu ivres et un peu fous sur des paravents à fond d'or près d'un vieux pin digne du style Kano... une manière de se moquer de l'art officiel. Nagasawa Rosetsu, lui, vers 1785, accepta une commande monumentale : cent quatre-vingts panneaux coulissants destinés aux temples de la province de Kii. Il peignit des éléphants, des buffles jouant avec des chiots dodus et de jeunes corbeaux, parodiant l'école naturaliste Shijo. Virtuose au talent multiple, il transformait les animaux et les plantes en monstres débonnaires et en végétaux venus d'une autre planète, se jouant de la perspective, inversant le grand et le petit, rendant le naturalisme fantastique.

Shohaku fut excentrique et révolutionnaire, se moquant des puissants, bafouant les traditions. Il jetait l'encre sur le papier comme avec rage, représentait de saints personnages en état d'ivresse. Ci-dessus, la poétesse de l'époque Heian, Ono no Komachi, réputée pour sa beauté et son raffinement, est devenue une vieille femme hirsute au regard habité par la folie.

Jakuchû, dont le nom signifie « semblable au vide », devint en 1738 le disciple d'un moine zen de Kyoto. Il s'intéressa plus tard à la botanique et à la zoologie et pendant toute une période représenta des poules et des coqs dans le plus pur style classique (ci-contre). Peu à peu, il évolua vers une manière très « chinoisante »... mais pour représenter sous forme de légumes divers épisodes de la vie du Bouddha. Quant à Rosetsu, il donnait, dit-on, des signes de bizarrerie. Il aimait tout particulièrement peindre des éléphants grandeur nature sur des paravents ou des portes coulissantes de temples et de palais (ci-dessus).

Katsushika Hokusai composa en 1831 une série de huit estampes sur le thème des cascades, qui font l'objet d'un culte rendu aux forces (*kami*) de la nature et deviennent lieu de pèlerinage. Celle qui représente la cascade d'Amida (ci-contre) est célèbre par le style à la fois réaliste et symbolique de la composition, opposant la chute d'eau violente et le cratère sinueux d'où elle provient. Trois voyageurs pique-niquent paisiblement dans ce décor tourmenté de rochers et d'eau. Dans la série des « Trente-Six Vues du Mont Fuji », *La Vague* (pp. 124-125), œuvre admirable, tant par l'ampleur de la composition que par l'observation très exacte de l'écume d'une vague qui s'enroule sur elle-même, appartient désormais au patrimoine universel.

Kuniyoshi, plus familier des fantômes, des légendes et d'un univers fantastique, réalisa aussi cette composition très dépouillée d'un paysage sous une tempête de neige, où le moine Nichiren (en haut, à droite) gravit péniblement la colline. Cette estampe appartient à la suite *Koso Goichidai Ryakuzu*, datée de 1855.

La nature à ciel ouvert : Hokusai, Hiroshige, Kuniyoshi

L'*ukiyo-e* a constitué une formidable ouverture sur le monde, établissant des passerelles entre toutes les formes d'expression culturelle. Entre les artistes qui travaillaient à Edo, ceux de Kyoto et ceux d'Osaka, il existait des liens constants, des influences réciproques. Leurs déplacements empruntaient la très ancienne route du Tokaido (d'Edo à Kyoto), ou s'en éloignaient vers des campagnes où des fermiers riches et cultivés

La quatre-vingt onzième estampe des «Cent Vues d'Edo» (v. 1857) d'Ando Hiroshige représente la rivière du sanctuaire d'Akiba. Dans un paysage d'automne, deux voyageurs sont venus contempler les érables (*momiji*), un rituel dont le pendant au printemps est la fête des cerisiers (*sakura*). Ces deux saisons lancent les Japonais sur les routes, et le culte de la nature fait d'eux des poètes, des peintres, des voyageurs sensibles à la beauté éphémère du temps qui passe. Hiroshige, qui grava les principales étapes de la route du Tokaido, réussit avec la vue d'Hakone (pp. 122-123) une composition par plans qui préfigure l'art moderne.

accueillaient les artistes avec courtoisie, manifestant un intérêt très vif pour leur œuvre. Dans un pays replié sur lui-même, tout devint prétexte à voyager : visiter les temples célèbres, les lieux de mémoire où avaient vécu les poètes, les sites naturels les plus fameux : la cascade de Nashi, le lac Biwa, les rochers d'Ise, etc. Au XIXe siècle, l'archipel devint à lui seul le monde et comme tous les habitants des îles, les Japonais ne résistèrent pas aux rêves qui poussent vers le départ.

Tous trois contemporains, Hokusai, Hiroshige et Kuniyoshi se rendirent auprès de Dogen, de Genai et de Shiba Kokan qui, à Nagasaki, près de l'îlot de Deshima, étudiaient avec les Hollandais les «sciences occidentales». Ils en revinrent avec des notions de perspective qui influencèrent profondément leur œuvre.

La nature entière devint leur atelier : Hiroshige (1797-1858), s'attacha à représenter les cinquante-trois stations du Tokaido, mais aussi les «Vues des Provinces» et les «Vues d'Edo». Hokusai (1760-1849) se rendit au pied des grandes cascades, observa le mont Fuji par tous les temps et toutes les lumières.

東海道五拾三次之内
箱根
湖水図
廣重画

冨嶽三十六景
神奈川沖
浪裏

En quinze volumes (la *Mangwa*), il recueillit des milliers de croquis qui témoignaient de sa curiosité insatiable pour les plantes, les animaux, les ponts, les lutteurs, les équilibristes, les jeux d'enfants et mille scènes encore qui forment une sorte d'encyclopédie vivante, virtuose et nostalgique d'un monde qui après ce «vieillard fou de dessin» ne sera plus jamais le même.

La multitude de croquis de la *Mangwa* de Hokusai («Restitution des images vraies», ci-dessous) illustre l'obsession d'un artiste qui voulait comprendre tous les aspects d'un Japon finissant.

Kuniyoshi (1798-1861) vivait avec ses cinquante-trois chats; eux voyaient dans la nuit, lui voyait dans le temps. Peut-être admiraient-ils les mêmes scènes : des batailles très anciennes, des héros immortels, des fantômes qui errent encore dans la vie, des monstres dans la mer déchaînée blanche et grise, et un moine isolé dans l'immensité. Kuniyoshi était familier de la peur. Il rappela

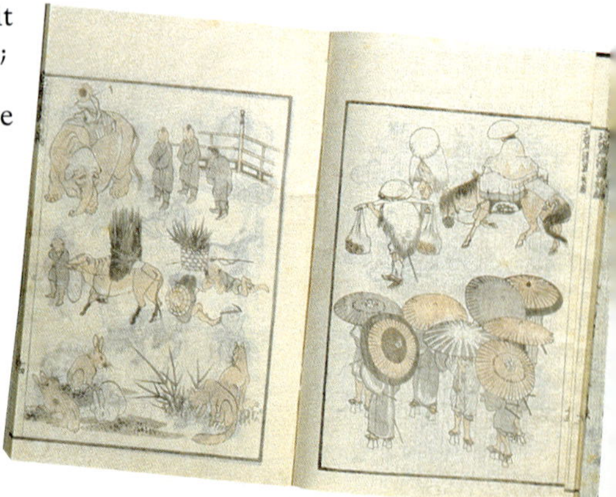

du fond du passé les guerriers, les moines légendaires et les monstres qui, à l'aube des temps modernes, relient le Japon à ses origines mythiques.

La rencontre avec l'Occident

Les voyages à l'intérieur du pays avaient permis la circulation de l'artisanat autant que des œuvres d'art, contribuant à la vitalité et au renouvellement des différentes cultures de l'archipel. L'arrivée des «bateaux noirs» américains de l'amiral Perry, en 1853, ne fut pas synonyme d'une invasion par les Occidentaux. L'ouverture des ports fit accéder les Japonais au monde moderne, celui des techniques qui changent la vie – train, tramway, machine à vapeur, et surtout machine à coudre, qui provoqua l'abandon du kimono dans la vie quotidienne pour la mode des vêtements «cousus». Mais la plus grande révolution fut sans doute l'arrivée des premiers journaux et des caricatures, qui firent sauter les tabous dans le domaine de l'information et de la représentation des personnages officiels : le rire et l'humour purent s'exercer sans censure. Surtout, la photographie opéra une transformation fondamentale : le principe de l'«instantané» comblait l'obsession ancestrale de fixer une parcelle du «monde éphémère et mouvant»; avec le cinéma, elle allait s'affirmer comme le véritable art japonais contemporain.

Le Fuji par vent frais et matin clair, (à gauche) de la série des «Trente-Six Vues du Fuji» est l'une des estampes les plus célèbres de Hokusai. *La Pluie sur le pont Ohashi* (page suivante) fut l'une des estampes d'Hiroshige «copiées» par Van Gogh.

Les premiers photographes européens eurent très rapidement des disciples japonais. Les thèmes reprenaient souvent ceux des estampes, faisant connaître le Japon dans sa réalité.

TÉMOIGNAGES ET DOCUMENTS

“En ce monde nous marchons sur le toit de l’enfer et regardons les fleurs.”

Issa in *Fourmis sans ombre*,
traduction Maurice Coyaud, Phébus, 1978

Le livre secret des jardins japonais

Les premiers jardins évoquaient pour les Japonais cultivés les paysages célèbres de la Chine : rochers creusés par les eaux, arbres noueux que l'on trouve sur les cimes où se plaisent les lettrés. Peu à peu, les jardins des palais et ceux des monastères furent conçus selon des symboles très précis, réunis en traités, et rigoureusement réalisés pour se concilier les kami*, favoriser la contemplation poétique ou devenir un support à la méditation. Un des traités les plus anciens, rédigé au XII*^e^ *siècle, est le* Sakutei-ki *(connu aussi sous le nom de* Zen sai hisho*, «résumé des secrets sur la construction des jardins»), qui s'adresse aux créateurs de jardins, particulièrement aux dresseurs de pierres, pour leur rappeler les principes directeurs de leur art.*

«Vous devez placer les pierres en respectant les caractéristiques topographiques du jardin et l'aspect de l'étang»

Vous devez aussi exprimer le *fuzeï* qui puisse rappeler un site naturel tout en conservant aux pierres leur aspect originel.

Vous devez vous souvenir des paysages célèbres du pays et garder à l'esprit leurs parties importantes. Alors vos jardins pourront les suggérer en accord avec le site. […]

Ne disposez pas les pierres de façon trop abrupte ou sophistiquée… mais d'une manière un peu vague. […]

Quand vous voulez creuser l'étang et y disposer des pierres, vous devez :
– découvrir la configuration générale à donner à l'étang, en tenant compte de la structure objective de chaque élément du jardin, vous devez décider de la forme de l'étang et de la disposition de l'île; – et par cette démarche vous parviendrez à cerner le *tayori* […] vous parviendrez à dessiner l'étang et à composer l'île. […]

Si vous voulez dessiner le «jardin du Sud» d'une maison, sa profondeur doit être la suivante : 18 à 21 mètres du bord du perron à celui de l'étang ou de la rivière, 24 à 27 mètres si la résidence appartient à la famille impériale. Mais lorsque la résidence n'est pas très grande, libre à vous de changer ces dimensions en tenant compte de la taille de l'étang, particulièrement dans le cas de temples et de sanctuaires.

Pour arranger l'île vous devez tenir compte de l'aspect général du jardin du Sud, des dimensions du lac et de son échelle. […]

C'est en suivant la topographie des lieux et la forme du lac que l'on construira les montagnes et que l'on déterminera le *no suji* (*no :* le champ, *suji :* la ligne, le trait). […]

En règle générale, pour disposer l'île dans l'étang, vous devez suivre la tradition chinoise : l'eau vient de *«Seyriu»*, l'Est, et devra s'écouler vers *«Byakko»*, l'Ouest.

Le sommet de la pierre disposée à la sortie de l'étang sera de 12 à 15 centimètres au-dessous du pavillon de la pêche afin de régulariser le niveau de l'eau.

Rares devront être les pierres hautes excepté autour de la cascade… à une extrémité de l'île… et près de la montagne. Vous ne devez pas dresser de pierres de plus d'une mètre de hauteur.

Vous ne devez pas dresser de pierres à moins d'un mètre de la maison, sinon le propriétaire ne pourra y demeurer longtemps et le jardin se dégradera. […]

«Suivant que l'on veuille créer un paysage de mer… de rivière… de marais»

Si vous voulez exprimer un paysage de mer, évoquez d'abord le rivage. Les arrangements de pierres devront être vigoureux. Les compositions irrégulières, désordonnées, brutales, exprimeront les chocs de l'eau, non seulement sur la plage mais en haute mer. Suggérez les vagues, quelques récifs, des péninsules.

L'évocation d'une rivière doit faire penser à la façon dont se déplacent les dragons et les serpents, avec un bruissement. Disposez les pierres principales aux courbures.

Une fois les pierres disposées l'une d'elles doit dominer. A propos de ceci existe un secret : les autres pierres doivent former une pente. Les eaux de la rivière frappent ces pierres qui changent de direction; chacune d'elles doit être suffisamment robuste pour résister au courant. Comme graduellement la force du courant diminue, il faut exprimer cette diminution de force, créer un *fuzeï*, une légère émotion poétique. […]

Pour figurer un marais on dresse rarement des pierres, et à quelques

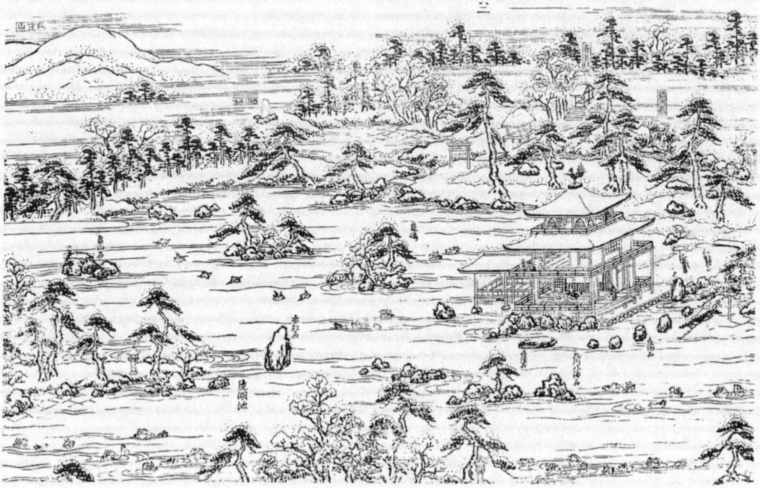

Le Pavillon d'or *(Kinkaku-ji)* entouré d'un «jardin paysage», planche tirée du *Livre des jardins de Kyôto* paru en 1830.

Sur cet *emaki* du XIIe siècle, on aperçoit nettement le passage du cours d'eau sous la résidence. Page de droite, disposition de pierres *in Le Livre des jardins* par Rikoku Akizato, 1859.

endroits seulement, mais vous pouvez planter des roseaux et des iris. Dans ce cas, au lieu de créer une île, il est préférable d'exprimer l'étendue de l'eau. Il ne faut pas montrer l'arrivée de l'eau. Parce que l'eau est calme, il n'y a ni entrée ni sortie spectaculaire. L'arrivée de l'eau doit être cachée. Il est très important de donner l'impression que l'eau déborde. […]

Il ne faut suivre qu'un seul principe fondamental : suivre sa première idée ensuite, pour ce qui en découlera, suivre son cœur. […]

«Ile Montagne». Vous pouvez disposer plusieurs îles montagnes, mais elles doivent être de hauteurs différentes. Vous pouvez planter beaucoup d'arbres. Vous pouvez mettre des plages au pied de la montagne comme dans la Mer Intérieure. Parfois quelques pierres au pied de la montagne, alors vous obtiendrez l'aspect d'une montagne vue de la mer.

«Ile Champ». Utilisation d'herbes d'automne, pas d'arbres. Sur une grande île vous pouvez esquisser deux ou trois *no suji* et parfois des arrangements de pierres. Vous devez alors disposer les pierres qui décideront de la structure générale, et ensuite les herbes d'automne. S'il le faut vous pouvez mettre de la mousse et aussi des plages de sable.

Règles concernant les cours d'eau

Tout d'abord il faut décider de l'orientation de l'arrivée du cours d'eau. D'après les documents, quand la rivière arrive du nord-est, elle coulera vers le sud, puis vers l'ouest. C'est sa façon normale.

Règle générale : de l'est à l'ouest. L'orientation de l'ouest au nord n'est pas normale. Dans la partie nord-est du jardin le mieux est de faire couler l'eau nord-sud en passant sous la résidence : cela purifie et écarte les mauvaises influences.

Dans la courbe, c'est le ventre du dragon. Vous ne pouvez construire la partie principale de la résidence que dans le ventre du dragon. Il ne faut pas mettre de bâtiment dans son dos.

Le cours d'eau symbolise les relations entre l'empereur et son peuple. La terre, c'est l'empereur, le cours d'eau, le peuple. L'eau suit les directives de la terre. Si la terre stoppe l'eau, l'eau obéit. L'eau est toute-puissante, la montagne est faible. L'eau peut détruire la montagne! [...]

Les combinaisons de pierres

Choisissez un très grand nombre de pierres, petites et grandes, et transportez-les dans le jardin. Ensuite les pierres «debout» doivent être dressées, les pierres «couchées» mises à plat selon leur aspect naturel. Vous jugez le haut, le bas, ainsi que l'avant et l'arrière de la pierre. Vous jugez d'abord tout cela et ensuite vous pouvez disposer les pierres principales à travers le jardin. [...]

Quand vous faites un arrangement au pied de la montage, mettez beaucoup de pierres pour supporter le poids de la montagne (poids visuel).

Quand vous arrangez la partie du jardin, les pierres ne doivent pas être trop hautes. Disposez-les comme si elles avaient été oubliées. [...]

Interdits concernant l'érection des pierres

Si vous les violez l'hôte de la résidence tombera malade, la résidence tombera en ruine et les démons arriveront.

Exemples d'interdits :

Vous ne devez pas dresser une pierre originellement couchée. Vous ne devez pas coucher une pierre originellement dressée. Si vous violez ces règles, vous violerez aussi l'esprit de la pierre et de mauvaises choses arriveront à votre famille. Si vous dressez une pierre originellement couchée, vous ne devez pas la diriger vers la maison, même dans un endroit éloigné, la pierre deviendrait alors une source de choses mauvaises.

Vous ne devez pas dresser, au nord-est de la maison, de pierres ayant plus de un mètre vingt ou un mètre cinquante car si vous faites cela, la famille n'y vivra pas longtemps. Mais si vous disposez un *sari zon seki* au sud-ouest de la maison, alors il n'arrivera rien de mal. [...]

Les axes d'arrangements de pierres ne doivent pas coïncider avec les axes des poteaux. Si vous violez cet interdit un malheur frappera votre descendance et des trésors vous échapperont. [...]

Tout ceci n'est pas superstitions mais éléments de base du jardin.

Extraits du *Sakutei-ki*,
notes sur la fabrication des jardins,
in Le Livre secret des jardins japonais,
commentaires d'un manuscrit inédit du
XIIe siècle, par Pierre et Suzanne Rambach,
Albert Skira éditeur, Genève, 1973

Littérature de femmes, littérature de voyageurs

La littérature japonaise est née dans les salles aux cloisons mobiles des palais d'Heian-Kyo. Les dames de la cour y séjournent, pendant des heures, témoins du passage des courtisans, de leurs propos, de leurs complots. Alors que les hommes rédigent encore en caractères chinois, ces femmes cultivées, transformant leur langage – celui de la vie quotidienne – en une langue, vive, poétique et riche d'images, se mettent à noter leurs impressions en caractères japonais kana. *La première est Murasaki Shikibu, qui inaugure de façon magistrale un nouveau genre littéraire de recueils au fil de la plume. Elle écrit le* Genji monogatari, *dont les thèmes courent comme un fil d'or à travers toute la civilisation japonaise.*

Le «Genji monogatari»

Murasaki Shikibu, la première des femmes écrivains (peut-être la première «écrivaine» du monde), rédige au XIe siècle le Genji monogatari, *un livre fleuve sur le prince impérial et sa cour. De nombreux épisodes du* Genji *se déroulent dans la nature : les plantes, la pluie, le passage des saisons y tiennent une très grande place.*

«Hana no en» (La fête des fleurs)

La lune s'était levée, claire et brillante, et Genji, échauffé par le vin, ne se sentit guère d'humeur à quitter ce spectacle. Les gens du Palais devaient être tous plongés dans un sommeil profond. Par une telle nuit, il était impossible

qu'un imprudent n'ait laissé une porte ou l'autre ouverte, quelque volet entrebâillé… Avec précaution, à pas de loup, il se glissa vers l'appartement de Fujitsubo et observa. Tout était verrouillé. Il soupira. D'évidence, on ne pouvait rien tenter, mais en traversant la galerie du palais de Kokiden, il remarqua que les volets de la troisième travée n'étaient pas tirés. Après la cérémonie, elle s'était rendue directement chez l'Empereur.

Il paraissait n'y avoir personne et une porte de la galerie, donnant sur l'intérieur, était grande ouverte. Pas un bruit ne se faisait entendre.

«Ce sont de telles circonstances qui nous laissent aller à nous compromettre…», pensa Genji, ce qui ne l'empêcha point de grimper doucement par-dessus la balustrade et de regarder à la dérobée. Tout le monde semblait dormir – et puis, non : une voix jeune et agréable, avec une intonation qui n'avait rien d'une suivante ni d'une personne vulgaire, chantonnait doucement les deux derniers vers du «Chant de la lune vague». N'était-ce pas plutôt la voix qui venait à lui? Genji tendit la main et se retrouva une manche de femme entre les doigts.

«Ah! Comme vous m'avez fait peur! s'écria-t-elle, qu'est-ce qui se passe?»

«Ne soyez point alarmée, chuchota-t-il, ni vous, ni moi, ne pouvions de gaieté de cœur abandonner la beauté de cette nuit; c'est la preuve la plus claire que cette lune à demi ennuagée nous invitait à nous rencontrer!»

«Aoi»

Dans la broussaille flétrie par le gel, Genji eut la joie de découvrir des gentianes encore fleuries. Une fois To no Chujo éloigné, il en fit faire un bouquet par le petit garçon de la nourrice et les envoya à la Princesse Omiya. Il y joignit ces vers :

«Cette fleur épargnée dans l'herbe de l'hiver
Est le seul souvenir de l'automne en allé…»

Il avait ajouté :

«Mais se peut-elle comparer à la splendeur disparue?»

«Yomogiyu» (Dans les armoises)

Des mois, puis des années, s'étaient écoulés. Depuis longtemps, Suetsumu no hana avait abandonné tout espoir pour sombrer dans l'humeur la plus ténébreuse.

«La pauvre Princesse! disaient d'elle

ses femmes, elle a eu la pire des malchances! Le voir apparaître comme un dieu – et puis, sans un mot, le voir disparaître… Comment ne pas compatir?»

Après la mort de son père, peu à peu, l'isolement et la vie monotone l'avaient endurcie, mais les visites de Genji avaient éveillé de neuves ambitions; pour la première fois de sa vie, elle s'était sentie attirée par le Monde à la mode et il lui était devenu pénible de supporter son dénuement. La seule fréquentation de Genji avait incité d'autres gentilshommes à venir mais, après son départ, l'un après l'autre, ils avaient espacé leurs visites pour les interrompre tout à fait. Les suivantes de son père étaient toutes vieilles; de temps à autre, l'une d'entre elles mourait et les autres servantes ne pensaient qu'à trouver un meilleur service.

Autour, le jardin, trop longtemps négligé, ressemblait à une jungle. Les renards y avaient creusé leurs terriers, les armoises ne formaient plus que des fourrés humides et menaçants où, jour et nuit, résonnait le cri de l'effraie. Comment aurait-on pu discerner le moindre signe humain, si trouble était la clarté qui parvenait à percer ces bois touffus?

Murasaki Shikibu,
Genji monogatari (Les Jardins d'or du prince Genji), trad de Jacques Bussy, *in* catalogue Galerie Janette Ostier, 1980

«Notes de chevet» de Sei Shônagon

Autre femme écrivain de l'époque Heian, Sei Shônagon devint célèbre par ses Notes de chevet *qui donnent un ton poétique à la moindre notation.*

19. Choses qui font naître un doux souvenir du passé

Les roses trémières desséchées.
Les objets qui servirent à la fête des poupées.

Femme écrivain à la cour du Gengi; illustration du *Genji monogatari* du XVIe siècle.

Un petit morceau d'étoffe violette ou couleur de vigne, qui vous rappelle la confection d'un costume, et que l'on découvre dans un livre où il était resté, pressé.
Un jour de pluie, où l'on s'ennuie, on retrouve les lettres d'un homme jadis aimé.
Un éventail chauve-souris de l'an passé.
Une nuit où la lune est claire.

26. Choses élégantes

Sur un gilet violet clair, une veste blanche.
Les petits des canards.
Dans un bol de métal neuf, on a mis du sirop de liane, avec de la glace pilée.
Un rosaire en cristal de roche.
De la neige tombée sur les fleurs des glycines et des pruniers.
Un très joli bébé qui mange des fraises.

76. Choses qui ont un aspect sale

L'envers d'une broderie.
L'intérieur de l'oreille d'un chat.
Une foule de rats, dont le poil n'est pas encore poussé, qui sortent du nid, tout grouillants.
Les points des coutures, à l'envers d'un vêtement de fourrure qu'on n'a pas encore doublé.
Quand il fait sombre dans un endroit qui ne semble pas particulièrement propre.

Une femme qui n'est pas très jolie,
et qui a une foule d'enfants,
dont elle prend soin.
Lorsqu'une femme qu'il n'aime pas très
profondément tombe malade et
languit longtemps, un homme,
en son cœur, doit s'en sentir dégoûté.

84. Choses qui sont éloignées, bien que proches

Les fêtes dans les environs du Palais.
Les relations entre des frères et sœurs,
ou des parents, qui ne s'aiment pas.
Le chemin qui serpente dans
la montagne de Kurama.
L'intervalle entre le dernier jour du
douzième mois et le premier jour
de l'an.

85. Choses qui sont proches, bien qu'éloignées

Le Paradis.
La route d'un bateau.
Les relations entre un homme
et une femme.

Sei Shônagon, *Notes de chevet,*
traduction d'André Beaujard,
«Connaissance de l'Orient»,
Gallimard-Unesco, 1966

«Le Journal de Sarashina»

Ce texte, contemporain des deux précédents, présente la particularité d'aborder un genre qui, au fil des temps, inspirera les moines et les poètes, celui du «journal de voyage».

La barrière de Kiyomi est au bord de la mer; le poste de garde comporte plusieurs bâtiments, et une palissade se prolonge jusque dans la mer. Les embruns semblent se mêler à la fumée : hautes doivent être les vagues de la barrière de Kiyomi! Le paysage est d'une beauté fascinante. Au rivage de Tago, les vagues sont hautes, nous le contournons en barque. Nous trouvons un gué sur la rivière d'Oi. C'est un cours d'eau peu ordinaire; blanche comme si l'on y avait délayé une farine épaisse, l'eau y coule rapide.

La Fujigawa est un cours d'eau qui dévale du Mont Fuji. Un habitant de cette province se présente, qui nous conte ceci : «L'autre année, alors que je m'en allais vaquant à mes affaires, par une grosse chaleur, je fis halte sur la berge de cette rivière, quand je vis, venant de l'amont au fil de l'eau un objet jaunâtre; je l'attirai et l'arrêtai, et je m'aperçus que c'était un vieux papier. Je le ramassai et sur le papier jauni, je vis des signes d'écriture, tracés d'une belle main à l'encre rouge. Surpris, je l'examinai : toutes les provinces à pourvoir l'année suivante y étaient énumérées comme sur un décret de nominations, et pour cette province-ci, qui devait être vacante l'année suivante, outre le nom du Gouverneur désigné, un second était ajouté. Surpris et intrigué, je pris le papier, le séchai et le conservai; or la promotion de l'année suivante s'avéra conforme en tous points à ce qui était écrit sur ce papier; quant à celui qui était désigné comme le Gouverneur de cette province, il mourut dans les trois mois, et celui qui fut nommé pour le remplacer était celui-là même dont le nom était ajouté à côté du sien. Voilà l'étrange aventure qui m'est arrivée! Je suppose que ce sont les désignations de l'année à venir que les dieux, assemblés en grand nombre sur cette montagne, arrêtent dès l'année précédente. La chose est surprenante en tout cas!» Voilà ce qu'il nous conte. [...]

La nuit du treize de ce même mois, par un clair de lune sans nuages, environ à minuit, alors que tout dort, nous sommes allés nous asseoir sur le promenoir; ma sœur aînée contemple pensivement le ciel : «Si à cette heure je m'envolais sans laisser de trace, quels seraient vos sentiments?», me demande-t-elle, mais voyant mon air horrifié, elle change de sujet et rit; c'est alors que nous entendons dans le voisinage un char précédé d'avant-coureurs, qui s'arrête, et une voix qui appelle : «Feuille de roseau, feuille de roseau!», mais personne ne répond. Las d'appeler, l'on joue à la flûte un air fort agréable qui sonne limpide, et enfin l'on passe son chemin.

Le son de la flûte
tout pareil au vent d'automne
dans la nuit s'élève
pourquoi feuille de roseau
n'y joint-elle son murmure

dis-je, et ma sœur approuve :

Sans attendre même
que la feuille de roseau
lui ait pu répondre
il a passé son chemin
cruel le son de la flûte

Ainsi demeurons-nous toute la nuit jusqu'à l'aube, à contempler le ciel, et ce n'est que lorsqu'il s'éclaire que nous nous couchons.

Le Journal de Sarashina,
traduction de René Sieffert,
«Les Œuvres capitales
de la littérature japonaise»,
Publications orientalistes de France, 1957

Au XVIIIe siècle : les récits de voyageurs

La route du Tokaido ne fut pas la seule à inspirer peintres et écrivains. Jakuchu évoque le voyage qu'il fit en bateau avec un compagnon. Les poètes Basho et Issa méditaient sur la nature environnant leur ermitage, mais aussi prenaient leur grand chapeau de paille et leur bâton pour rejoindre les moines errants sur les routes de ce «monde éphémère».

Matsuo-Bashô : «De printemps qui va / au rivage de Waka / j'ai suivi la trace»

Les talons déchirés, pareil à Saigyô, j'évoque le bac de la Tenryû, et au moment de louer un cheval, le souvenir me revient du saint homme qui s'était mis en colère. Dans la beauté des paysages de montagnes et de plaines, de mers et

Croquis de Nanzan, peintre, voyageur et poète (ci-dessus). Page de droite, Bashô.

de rivages, j'admire l'ouvrage de l'artisan divin, ou encore je suis la trace de ceux qui se sont libérés de toute entrave, et je cherche à connaître le sentiment authentique de ceux qui cultivent le bon goût. Du reste, quittée ma demeure, je ne désire nul objet. Et puisque j'ai les mains vides, je ne crains pas les embûches de la route. Au palanquin je préfère la marche, et mon frugal repas du soir m'est plus savoureux que chair. Pour moi point d'étape obligée, ni d'heure pour le départ du matin. Pour chaque jour, je ne souhaite que deux choses : au soir découvrir un bon gîte, et trouver chaussure à mon pied, modestes exigences certes! D'heure en heure mon humeur change, de jour en jour mes sensations se renouvellent. Que si par aventure je rencontre un homme qui ait tant soit peu de goût, j'en éprouve une joie infinie. Fût-ce l'un de ceux que d'ordinaire l'on éviterait avec mépris pour ses idées désuètes et bornées, je m'entretiens avec lui en faisant route par ces campagnes écartées, et si je le découvre dans une hutte d'argile sous le grateron, j'éprouve le sentiment de qui ramasse une perle parmi les tessons, ou de qui trouve de l'or dans la vase, et l'envie me prend de le noter sur mes tablettes et de le narrer aux autres : voilà encore l'un des plaisirs des voyages.

Matsuo-Bashô (1644-1694), *Journaux de voyage,*trad. René Sieffert, in «Les Œuvres capitales de la littérature japonaise», Publications orientalistes de France, 1988

«Le chemin étroit de ce qui est profond»

A quarante-cinq ans, «un âge où un homme qui avait tant vécu et peiné, se sent naturellement près de sa fin», Bashô part et monte vers le nord, en un long pèlerinage, jusqu'aux limites mêmes du monde civilisé. Jacques Bussy, son traducteur, lui-même voyageur et poète, mit ses pas dans les pas de Bashô, observant ses étapes vers l'«ermitage d'illusion».

De l'éternité, jours et mois sont hôtes de passage et, de même, l'an qui fuit, l'an qui vient sont voyageurs. Qu'il mène une vie nomade en bateau ou à cheval, l'homme accueille la vieillesse, le voyage quotidien est sa demeure. Nombreux sont les poètes d'autrefois qui sont morts en chemin, et moi, comme eux, depuis je ne sais quand, à l'invite du vent dans les nuages en lambeaux, je ne peux réfréner mon désir d'errance. Après une flânerie sur la grève, ce dernier automne, j'ai débarrassé de ses toiles d'araignée ma branlante maison du bord de l'eau et, l'année achevée dans le calme, je me surpris une envie de franchir la barrière de Shirakawa aux premières brumes de l'an nouveau. Le démon du vagabondage m'avait saisi, le dieu des chemins m'avait fait signe, je n'y pouvais rien; j'ai ravaudé mes braies en loques, j'ai changé la jugulaire de mon chapeau et, tandis qu'on m'appliquait des moxas sous les genoux, je me souciais déjà de la lune au-dessus de Matsushima. Alors j'ai loué ma maison et déposé mes affaires dans la masure de Sampû.

J'entreprends à la légère cette année – est-ce bien la deuxième de l'ère Genroku? – un pèlerinage vers le nord et, tandis que me parviennent aux oreilles des bruits sur ce qui m'est encore monde inconnu, mon appréhension s'accroît : un ciel étranger me blanchira donc les cheveux! Aussi incertain que désireux d'en revenir vivant, l'enthousiasme et l'angoisse me mènent enfin jusqu'à l'auberge de Sôka; vite, ma maigre épaule est douloureuse sous le sac – il est vrai qu'en premier lieu je voulais partir sans rien d'autre que mon propre corps, mais il s'y est ajouté un manteau de nuit en papier, une robe de coton, de quoi me protéger de la pluie, des objets comme de l'encre et des pinceaux, les cadeaux du départ : je ne pouvais jeter ce que je n'avais pu refuser – Oui, un encombrant et ennuyeux bagage.

Matsuo-Bashô, *L'Ermitage d'illusion,* traduction de Jacques Bussy, Editions La Délirante, 1988

Poésie et expression du Zen

Différentes formes de poésie se sont développées au cours des siècles. Les plus anciennes – appelées waka *– remontent au* VIIIe *siècle : le* Man-yô-shû *est la première anthologie poétique conservée. Plus tard, apparut le haïku, courant majeur de la poésie, qui se prolongera jusqu'à l'époque contemporaine. Avec le* koan, *l'enseignement du Zen n'est pas, dans son expression, très éloigné de l'univers poétique. Plusieurs personnages, comme Issa ou Bashô, étaient à la fois moines zen, poètes et voyageurs.*

Le «koan» et les débuts de l'enseignement du Zen

Le koan *est une courte phrase d'enseignement du Zen, sans signification intelligible, dont le but est de briser les mécanismes d'une pensée cohérente pour provoquer le choc de l'illumination.*

Vibrant au-dedans
de l'oreille maintes voix
mais leur source primordiale
il faudra bien l'appeler
le son du sans-voix

Takuan (1573-1645),
in L'Art Zen,
Stephen Addis, *Peintures et calligraphie des moines japonais, 1600-1925*,
traduit par Jean-Noël Roibert,
Bordas, Paris, 1992

A mon châtiment
on a donc mis fin, et j'aimerais
enfin revenir —
mais je fais peu de cas d'Edo,
ce cœur d'un monde infect

Takuan, *ibid.*

Ce vieux moine médite et se repose dans les montagnes vides
Solitaire et tranquille au long des jours et des nuits.
Quand je quitte les falaises pures,

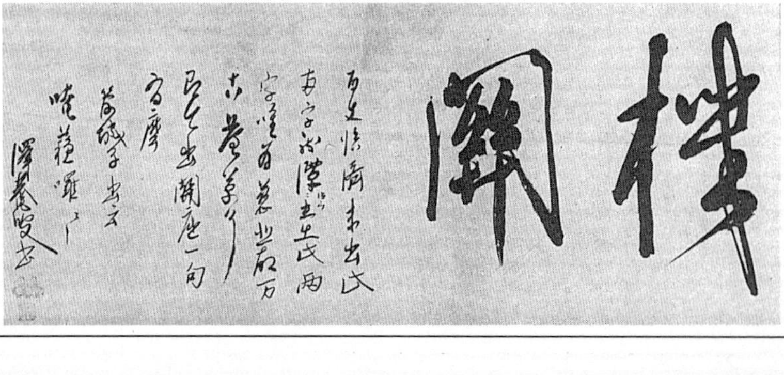

Auto-illumination de Fûgai (ci-dessus). Page de gauche, calligraphie de Takuan.

les visiteurs viennent me troubler.
Le monde des hommes ne cessera jamais d'être lui-même.

Fûgai (1568-1654), *ibid.*

Son existence n'est pas pauvre,
Incalculables sont ses richesses.
Désignant la lune, contemplant la lune,
Le vieux voyageur suit le chemin.

Fûgai, *ibid.*

Quelle lune est-elle blanche, quel vent haut?
Sa vie n'est que cet hymne de méditation.

Comment peut-il sourire si heureux?
Ne le comparez pas aux autres;
Sa mondanité n'est pas de ce monde,
Sa joie vient de sa propre nature.

Qui saurait dans le monde le critiquer,
Avec son corps démesuré rempli de bonne fortune ?

Fûgai, *ibid.*

Une inspiration, une exposition,
Un progrès, un retrait,
Vie et mort, allée et venue —
Comme deux flèches se rencontrent en vol,
Au milieu du néant
Il est une route qui mène droit à ma vraie demeure.

Sôko Gesshû (1618-1696), *ibid.*

Tenant son bâton, il vise directement l'humanité,
Mais, originellement sans forme,
son portrait n'est pas vrai.
Sa forme ne peut être vue comme forme,
Sa bienveillance est uniquement sa bienveillance naturelle.
Si, d'un seul coup, vous pouvez comprendre cette loi,
Votre esprit prendra son essor au-dessus du monde.

Ingen (1592-1673), *ibid.*

Le renouveau de l'enseignement du Zen : peinture, calligraphie, humour

Au XVIIIe siècle, les moines Hakuin et Sengai ont renouvelé l'enseignement du Zen par la peinture et la calligraphie. Et pour bien montrer que l'esprit est au-delà des formes et que rien n'est figé, l'humour y tient une place prépondérante.

La grenouille qui médite

Si un homme devient un bouddha
En ne pratiquant que le zazen
Médiocre grenouille bien que je suis, je devrais en être un depuis longtemps!

Sengai (1750-1837)

«Zazen signifie «assis en méditation». La grenouille semble être dans cette posture, lorsqu'on la trouve dans le jardin. Si ce n'était que la position de la méditation qui constitue le Zen, il y a longtemps que la grenouille aurait atteint l'état de bouddha. Mais le Zen ne consiste pas seulement à être assis. il faut un éveil dans l'inconscient. »

in Sengai, catalogue de l'exposition itinérante en Europe, éditions Kokusai-Bunka Shinkokai, 1961

La louche et le pilon

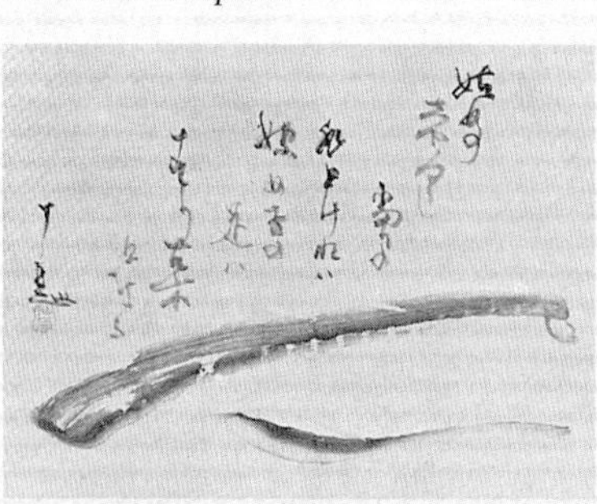

Quand la louche de la belle-mère est maniée trop énergiquement, les jambes de la bru deviennent raides comme un pilon.

Sengai

«La belle-mère est par tradition dure envers sa bru, nouvelle venue dans la famille. S'efforçant d'exécuter les ordres, la jeune femme doit constamment aller et venir d'un coin de la maison à l'autre en sorte que ses jambes deviennent aussi raides que des baguettes, ou qu'un sourikogi, sorte de grand pilon de bois utilisé à la cuisine.»

in «Sengai», *ibid.*

Hakuin accompagna sa peinture Singe *de ce poème :*

Le singe veut attraper la lune dans l'eau;
Tant que la mort n'aura pas eu raison de lui, il s'obstinera.
Que ne lâche-t-il la branche et ne disparaît-il dans l'étang profond :
Le monde entier resplendirait d'une clarté éblouissante!

Le maître Hakuin
in Zen, L'Expérience directe de la réalité, Anne Bancroft, Le Seuil, Paris, 1979

L'univers de la poésie haïku

Par sa brièveté et son évocation de l'instant, le haïku s'apparente à l'esprit des koan. *Un haïku exprime une illumination passagère dans laquelle nous voyons la réalité vivante des choses. Bashô est l'un des plus célèbres auteurs de haïkus, avec Buson et Issa. Il connut l'illumination en entendant le bruit que fit une grenouille sautant dans l'eau d'un étang.*

L'étang immobile, ah!
Une grenouille saute dedans :
Le bruit de l'eau!

Bashô (1644-1694),
in Fourmis sans ombre, le Livre du haïku,
Maurice Coyaud, Anthologie-promenade,
Phébus, Paris, 1978

Rizières froides
Je voyage à cheval
Mon ombre rampe à terre

Bashô, *ibid.*

Dans la feuille de patate douce
Elle enveloppe sa vie
La goutte d'eau

Kikaku (1660-1707), *ibid.*

Prunier d'hiver, tes membres
Tordus grincent. Les miens aussi
Vieux que je suis

Buson (1715-1783), *ibid.*

De la dent qui me reste
Je mords le pinceau gelé
La nuit

Buson, *ibid.*

Brise du soir
Le ruisseau se divise
Autour des pattes du héron bleu

Buson, *ibid.*

Calligraphie et portrait de poète, XVIIIe siècle.

Quand il souffle de l'ouest
Elles se réfugient à l'est
Les feuilles tombées

Buson, *ibid.*

Avec moi elle lutte
A qui fermera les yeux le premier
La grenouille

Issa (1763-1827), *ibid*

Râles d'amour de ma tortue
Vous ahurissez
Tous ces rustres

Kyoshi (1874-1959), *ibid.*

Dans la jarre d'eau flotte
Une fourmi
Sans ombre

Seishi (1901), *ibid.*

Technique de l'estampe japonaise

L'estampe japonaise, expression au XVIIIe siècle d'une société pour qui l'art était une arme de liberté, demeure encore aujourd'hui vivante dans de vieilles maisons de bois de Tokyo où les ateliers n'ont pas changé depuis deux siècles. Les artisans travaillent avec les mêmes gestes, la même virtuosité que leurs ancêtres. Ils reprennent les thèmes anciens d'Hiroshige ou d'Hokusai, mais créent aussi des «bois» pour des artistes contemporains.

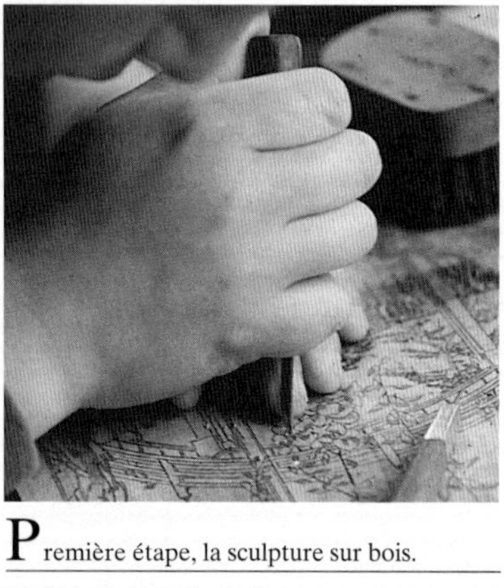

Première étape, la sculpture sur bois.

Une estampe japonaise est le produit, non pas d'une gravure, mais d'une sculpture sur bois. Toutes les lignes et surfaces destinées à être imprimées sur le papier selon la composition originale conçue par un artiste sont préalablement «reportées» sur une planche de bois de cerisier, choisi pour l'équilibre qu'il présente entre une satisfaisante résistance à la force répétée de l'impression, et une souplesse qui se prête à la sculpture des grands «à-plats» comme des lignes les plus fines. Pour ce report, le dessin original est placé sur le bois, et il est «sacrifié» au fur et à mesure du travail de sculpture. Cette étape ne peut être assumée que par des artistes très expérimentés. De leur virtuosité et de leur sensibilité dépendent, non seulement la réalisation de l'estampe (qui est d'une nature entièrement originale et distincte d'un dessin ou d'une peinture), mais aussi la vie de cette estampe, reproductible, mais inimitable dans sa singularité spontanée.

Il existe autant de «bois» que de couleurs

Chaque bois correspond au moins à une couleur. L'intensité laquée du noir ou les motifs qui y apparaissent, le caractère de certains bleus, du vert ou du jaune nécessitent plusieurs passages. Une marque à la gouge ou un angle droit en relief (*kentô*) est le seul repérage qui, à l'étape suivante, permettra à l'imprimeur d'appliquer la feuille, successivement et dans un ordre très précis, sur chacun des bois qui auront été préalablement enduits de la couleur qui leur correspond. Pour que les lignes soient nettes, et que les couleurs se juxtaposent sans «bavures» et sans écart de blanc, il faut une sûreté de geste et un œil exercé qui, là encore, réclament une grande maîtrise. L'estampe est imprimée face contre le bois enduit de couleur, et celle-ci pénètre le papier par frottement d'un tampon (*baren*) gainé d'une feuille de bambou. Le geste concentrique et sûr laisse souvent sa trace au dos de l'estampe. De même ce travail d'impression fait apparaître parfois sur la face de l'estampe elle-même, les veines du bois avec lequel elle a été en contact.

Un papier à base de moelle de mûrier

Le papier utilisé est à base de «moelle» de mûrier, étrillée, écrasée en pâte et mélangée à un dosage de colle végétale. Ainsi travaillé, ce papier présente tous les caractères souhaités de souplesse (pour une bonne pénétration de l'encre), et de nature compacte pour que les couleurs ne se répandent pas. Le toucher et le son rendus par ce papier permettent souvent de déterminer le caractère original d'une estampe selon les différentes époques. En effet, s'il est toujours de même nature, le papier change de composition, voire d'épaisseur selon le choix des artistes, et les époques successives. Il existe plusieurs formats traditionnels d'estampe qui ont tous une raison d'être, liés, non seulement aux exigences du bois qui permet et impose des normes, mais à l'inspiration de l'artiste, aussi bien qu'au souhait des amateurs. Sur l'estampe achevée figurent (en totalité ou en partie) la signature et le cachet de l'artiste, le cachet de l'éditeur et celui du «censeur». En dehors de certains livres, on ne voit jamais apparaître les noms du sculpteur ni de l'imprimeur (appartenant à l'atelier de l'éditeur) qui sont, en dépit de leur anonymat, les créateurs, à parts égales, de l'œuvre définitive. Aucun chiffre indiquant la quantité du tirage, ni la position de telle œuvre dans cet ensemble, ne figure, non plus, jamais. On estime généralement que la nature du bois permet un tirage homogène, sans aucune altération, d'environ trois cents estampes qui constituent le «premier tirage». Mais il arrive que ce chiffre, selon les commandes de «clubs», soit réduit à dix, ou même que l'on ne connaisse aujourd'hui dans le monde qu'un seul exemplaire d'une estampe.

Nelly Delay

Utamaro, en 1795, s'est plu à représenter ses «beautés célèbres» gravant et réalisant des estampes (ci-dessus), alors que cette activité était réservée aux hommes.

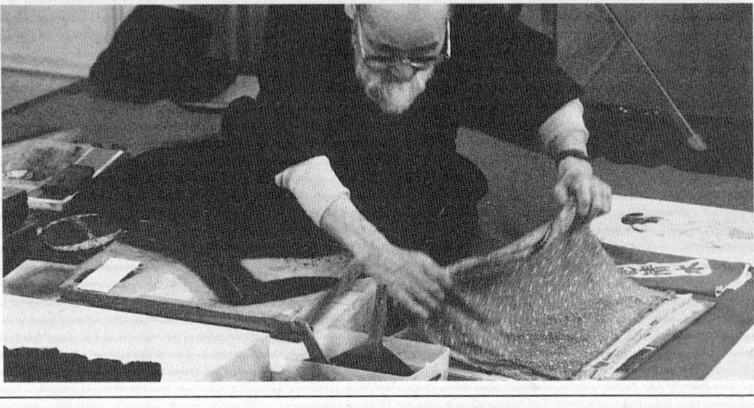

Les gestes traditionnels de l'imprimeur : enduire le bois (page de gauche, en haut et au centre), prendre une feuille de papier gardée humide (en bas, à gauche), l'appliquer rigoureusement sur le bois avec le repère du *kentô* (en haut), presser le papier sur le bois en tournant avec le *baren* (au centre), soulever la feuille imprimée, délicatement, pour éviter toute bavure.

Hokusai

Génie «fou de dessin», Hokusai occupe une place à part dans l'art japonais. Si sa Vague *a fasciné l'Occident et inspiré Debussy, il fut de son côté attiré par les sciences occidentales que les Hollandais enseignaient sur l'île de Deshima. Il y fit plusieurs voyages qui infléchirent ses recherches : perspective, anatomie, botanique se retrouvent ainsi dans les pages de la* Mangwa. *Cette attirance pour l'Occident ne le détourna pas cependant d'un attachement profond au Zen et d'une curiosité insatiable pour tous les aspects du monde «éphémère».*

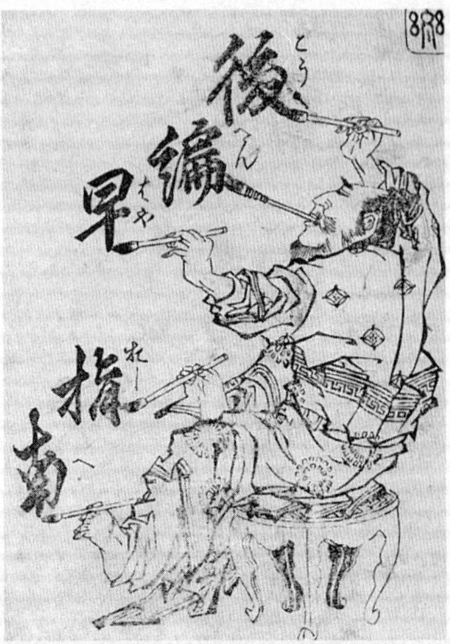

Hokusai se représente, avec humour, en frontispice de sa *Méthode* (en haut). Page de droite, une page de *Manière de dessiner à l'aide d'un compas et d'une règle.*

Hokusai s'est exprimé sur sa conception de l'art de peindre et de dessiner dans sa correspondance, mais aussi dans les préfaces de certaines de ses œuvres.

A propos de la fabrication des estampes

Dans une lettre sans date, adressée à l'éditeur Kobayashi, Hokusai écrit :

Dans les tons clairs de l'encre de Chine, je supprime toutes les dégradations. Car, si ça va tout seul au bout du pinceau, pour le peintre, l'ouvrier tireur des planches peut à peine faire deux cents exemplaires dégradés : au-delà de ce nombre c'est impossible sur le même bois. Et pour ce ton de l'encre claire, faites-le le plus clair possible : la tendance au foncé rendant le tirage désagréable à l'œil. Dites à l'ouvrier que le ton de l'encre claire doit être de même que la soupe aux coquilles, c'est-à-dire claire comme tout. Maintenant, pour le ton de l'encre demi-foncée, si on tire trop clair, ça ôte de la puissance à la teinte et c'est le cas de dire à l'ouvrier tireur que la teinte demi-foncée doit avoir une tendance épaisse, un peu semblable à la soupe aux haricots. En tout cas, j'examinerai les essais mais, dès à présent, je recommande ces détails parce que je veux arriver à avoir une bonne cuisine de mes dessins.

Hokusai, qui aime les post-scriptum *à ses lettres, continue :*

Je recommande au graveur de ne pas ajouter la paupière en dessous quand je ne la dessine pas; pour les nez, ces deux nez sont miens [*ici le dessin d'un nez de profil et de face*] et ceux qu'on a l'habitude de graver sont des nez d'Utagawa que je n'aime pas du tout, et qui sont contraires aux règles du dessin. Il est aussi de mode de dessiner les yeux ainsi [*et ce sont des dessins d'yeux avec un miroir peint noir au milieu*], mais je n'aime pas plus ces yeux que les nez.

A propos de la manière de peindre

Dans Manière de dessiner à l'aide d'un compas et d'une règle, *Hokusai s'exprime sur les couleurs et «le moyen d'apprendre la proportion des choses».*

Les couleurs ne doivent être ni trop épaisses, ni trop claires, et le pinceau doit se tenir couché; autrement il produit des malpropretés; – l'eau du coloriage plutôt claire que foncée, parce qu'elle durcirait le ton; – le contour jamais trop net, mais très dégradé; – n'employer la couleur que lorsqu'elle a reposé et qu'on a rejeté la poussière montée à la surface; – la couleur fondue avec le doigt, et jamais avec le pinceau; ne passer la couleur que sur les lignes noires de l'ombre, où seulement la couleur peut se superposer. […]

Il y a le noir antique et le noir frais, le noir brillant et le noir mat, le noir à la lumière et le noir dans l'ombre. Pour le noir antique, il faut y mêler du rouge; pour le noir frais, c'est du bleu; pour le noir mat, c'est du blanc; pour le noir brillant, c'est une adjonction de colle; pour le noir dans la lumière, il faut le refléter de gris. […]

Les anciens ont déclaré que la montagne se fait avec la hauteur de dix pieds, les arbres avec la hauteur d'un pied, le cheval avec la hauteur d'un pouce, l'homme avec la grosseur d'un haricot, et ils ont proclamé que c'est la loi de la proportion dans le dessin. Non, les lignes du dessin, ça consiste en des ronds et des carrés… Maintenant, moi Hokusai, j'ai pris une règle et un compas, et c'est avec cela que j'ai dessiné toutes les choses pour en bien déterminer la forme : un procédé qui ressemble un peu à ce vieux moyen de tâtonner avec le pinceau-charbon [morceau de bois brûlé,

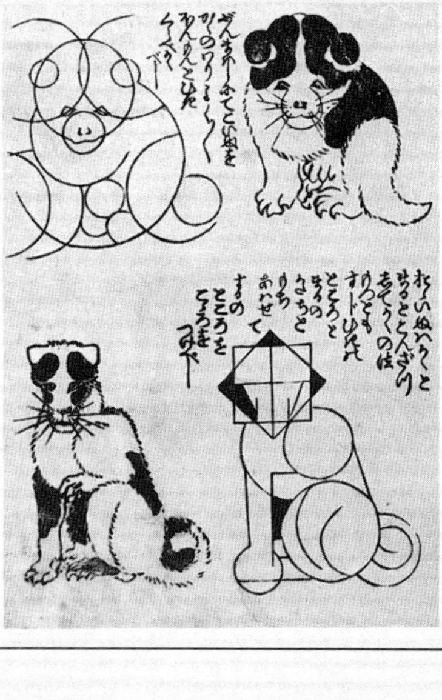

du fusain]. Or, celui qui apprendra à bien manœuvrer la règle et le compas pourra arriver à exécuter les dessins les plus fins et les plus délicats.

Pour dessiner rapidement

*Dans l'*Initiation rapide au dessin abrégé *publié en 1812, Hokusai explique non seulement la technique du pinceau, mais aussi la simplification calligraphique des formes (relation de la lettre et de l'image) autant que la décomposition géométrique des formes en cercles et en carrés.*

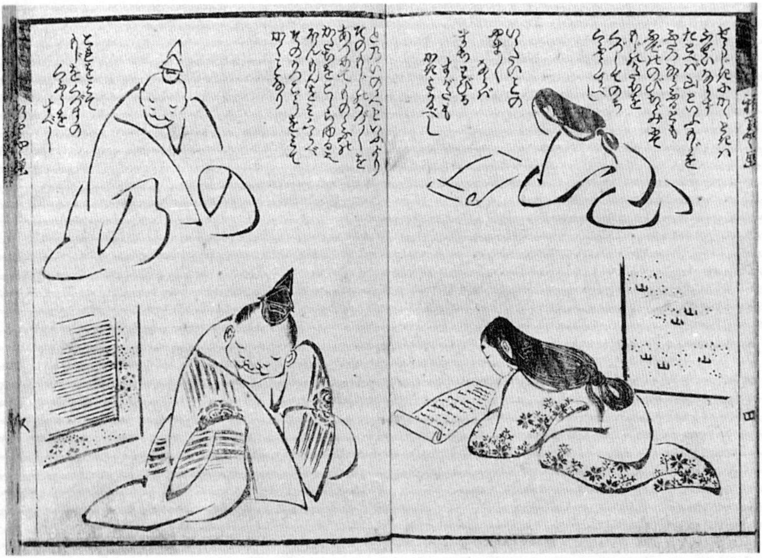

En aimant le style prétentieux de Hé-ma-mou-sho-Niudô, le peintre Yama mizou Tengou, de Noshi-Koshi yama, s'est approprié l'art incompréhensible de ses dessins. Or, moi qui ai étudié ce style, près de cent ans, sans y rien comprendre plus que lui, il m'est cependant arrivé ceci de curieux, c'est que je m'aperçois que mes personnages, mes animaux, mes insectes, mes poissons, ont l'air de se sauver du papier. Cela n'est-il pas vraiment extraordinaire? Et un éditeur, qui a été informé de ce fait, a demandé ces dessins, de telle façon que je n'ai pu lui refuser. Heureusement que le graveur Ko-Izoumi, très habile coupeur de bois, s'est chargé, avec son couteau si bien aiguisé, de couper les veines et les nerfs des êtres que j'ai dessinés, et a pu les priver de la liberté de se sauver. […]

Depuis l'Antiquité, l'homme a copié la forme des choses : ainsi dans le ciel il a pris le soleil, la lune et les étoiles, et sur la terre les montagnes, les arbres, les poissons et puis les maisons, les champs; et ces images simplifiées, modifiées, dénaturées, sont devenues les caractères de l'écriture. Mais celui qui se fait appeler un dessinateur doit respecter la forme originale des choses, et ce dessinateur quand il dessine les maisons, les palais, les temples, il est de toute nécessité qu'il sache comment les charpentes sont agencées.

Il existait un ouvrage fait par un architecte, sous ce titre, *Les Modèles de l'architecture*, mon éditeur m'a demandé de dessiner le second volume. Le premier a été fait par un homme du métier, avec des données techniques. Moi, ce que j'ai fait dans ce volume, est plutôt du domaine de l'art; toutefois si, grâce à mon enseignement, les jeunes dessinateurs arrivent à ne pas faire un chat à la place d'un tigre, un *tombi* à la place d'un faucon, quoique mon travail ne soit qu'un caillou à côté d'une montagne, je serai glorieux de ce résultat devant la postérité. […]

Ce livre n'est pas pour l'enfant seulement; les grandes personnes, les poètes par exemple, qui veulent exécuter un dessin rapide dans une société, seront aidées par ce livre. C'est donc les préliminaires du dessin cursif.

A la fin du volume, Hokusai ajoute :

L'idée qui m'a fait faire ce volume vient de ce que, un soir, chez moi, Yû-yû Kiwan [nom fantaisiste] m'a demandé : Comment peut-on apprendre à faire un dessin d'une manière rapide et facile? Je lui ai répondu que le meilleur moyen était un jeu qui consistait de chercher à former les dessins d'après les lettres, et j'ai pris mon pinceau, et lui ai montré comment on peut facilement dessiner. Quand j'ai eu exécuté deux ou trois dessins, l'éditeur Kôshodô, qui était là, n'a pas voulu laisser perdre ces dessins, et il m'a fait dessiner tout un volume, qu'on doit regarder, au fond, comme une distraction, comme un amusement pour vivre.

Fac-similé du portrait d'Hokusai octogénaire, peint par sa fille Oyéi (ci-dessus). Page de gauche, planche extraite de son *Initiation rapide au dessin abrégé.*

«Tout ce que j'ai produit avant l'âge de soixante-dix ans, ne vaut pas la peine d'être compté»

En 1835, un étonnante révélation du maître, jetée en tête des Cent Vues du Fuji.

Depuis l'âge de six ans, j'avais la manie de dessiner la forme des objets. Vers l'âge de cinquante ans, j'avais publié une infinité de dessins, mais tout ce que j'ai produit avant l'âge de soixante-dix ans, ne vaut pas la peine d'être compté. C'est à l'âge de soixante-treize ans, que j'ai compris à peu près la structure de la nature vraie, des animaux, des herbes, des arbres, des oiseaux, des poissons et des insectes.

Par conséquent, à l'âge de quatre-vingts ans, j'aurai fait encore plus de progrès; à l'âge de quatre-vingt-dix ans je pénétrerai le mystère des choses; à cent ans je serai décidément parvenu à un degré de merveille, et quand j'aurai cent dix ans, chez moi, soit un point, soit une ligne, tout sera vivant. Je demande à ceux qui vivront autant que moi, de voir si je tiens ma parole. Ecrit à l'âge de soixante-quinze ans par moi, autrefois Hokusai, aujourd'hui Gwakiô Rôjin, le vieillard fou de dessin.

Hokusai cité par Edmond de Goncourt
in Hokusai,
Orient Editions, 1984

CHRONOLOGIE

Epoque du Yamato

Fin du IVe siècle. La cour du Yamato (*Yamato chôtei*) a réalisé l'unité japonaise.
538. Introduction du bouddhisme.
587. Guerre des clans et victoire du clan des Soga sur celui des Mononobe.
592. Shôtoku taishi devient régent.
604. Constitution en 17 articles (*Jûshichi jô kempô*).

Epoque de Asuka

672. *Jinshin no ran* : guerre civile de succession impériale.
689. Code d'Asuka no Kiyomihara.

Epoque de Nara

710. La capitale est fixée à Nara (Heijô-kyô).
720. Date officielle du *Nihonshoki* (Histoire des origines du Japon).
743. Les terres nouvellement défrichées seront désormais propriétés privées.
745-752. Construction du Grand Bouddha du Tôdai-ji.
760. Constitution du *Man'yôshû* (premier recueil de poésies).

Epoque de Heian

794. Transfert de la capitale à Kyôto (Heiankyô).
805. Saichô rentre de la Chine des T'ang, implantant au Japon la secte Tendai (Tien' t'ai).
816. Kûkai, rentre de la Chine des T'ang, implantant au Japon la secte Shingon (Tchen yen).
894. Sugawara no Michizane fait interrompre l'envoi des ambassades en Chine.
Début du XIe siècle. Premier roman en langue japonaise : le *Genji monogatari*, par Dame Murasaki Shikibu.
1022. Fujiwara no Michinaga, qui porta à son faîte la puissance des Fujiwara, consacre solennellement le temple du Hôjô-ji qu'il a fait construire sur ses terres.
1180. Minamoto no Yoritomo rassemble des troupes en Izu et entre à Kamakura.

Epoque de Kamakura

1192. Minamoto no Yoritomo devient shôgun.
1232. Hôjô Yasutoki promulgue le *Jôei shikimoku* qui édicte les règles et fondements de la loi selon le gouvernement de Kamakura.
1274 et **1281.** Attaques mongoles.
1333. Fin du *bakufu* de Kamakura.
1336. Schisme dynastique : les «Dynasties du Sud et du Nord».

Epoque de Muromachi

1368. La victoire d'Ashikaga Yoshimitsu – troisième shôgun du nom– sur les clans concurrents, assure la puissance des Ashikaga. Après avoir abdiqué et pris la robe de moine, il fait construire le Kinkaku-ji (Pavillon d'or).
1392. Réunion des dynasties du Sud et du Nord : fin du schisme dynastique.
1428. Révoltes paysannes.
1467. Début de la révolte de l'ère Onin : guerre civile de succession shôgunale; c'est, en fait, l'affrontement des ambitions rivales des daimyô.
1473. Ashikaga Yoshimasa fait construire le Ginkaku-ji (Pavillon d'argent).
1495. Hôjô Sôun s'empare du château d'Odawara : début de l'époque des «Royaumes combattants».
1543. Les Portugais débarquent à Kanegashima. Le Japon découvre alors les armes à feu dont l'usage va transformer l'architecture militaire.
1549. Début de la prédication de François Xavier.
1573. Oda Nobunaga dépose Ashikaga Yoshiaki : fin du *bakufu* de Muromachi.

Epoque d'Azuchi-Momoyama

1580. Nobunaga place en tutelle les religieux du Honganji; il met ainsi un terme à la puissance militaire plusieurs fois séculaire des monastères bouddhiques.
1582. Assassinat de Nobunaga. Toyotomi Hideyoshi prend le pouvoir.
1583. Hideyoshi fait construire le château d'Osaka, à l'emplacement du Hongan-ji.
1587. Hideyoshi interdit le christianisme.
1588. Désarmement des campagnes. Port des armes réservé à l'aristocratie.
1590. Hideyoshi a réalisé la réunification nationale.
1594. Hideyoshi fait construire le château de Momoyama.
1598. Mort de Hideyoshi.
1600. La bataille de Sekigahara consacre la puissance de Tokugawa Ieyasu.

Epoque d'Edo

1603-1616. Shôgunat de Tokugawa Ieyasu.
1622. Mise à mort de 55 chrétiens à Nagasaki.
1637. Révolte de Shimabara.
1638. Fermeture des ports aux étrangers.
1641. Les Hollandais s'installent à Deshima.
1657. Grand incendie d'Edo.
1673. Limitation du morcellement des terres.
1732 et **1783.** Grandes famines.
1853. Les bateaux du commodore Perry jettent l'ancre à Uraga, dans la baie d'Edo.
1854. Traité de Kanagawa qui ouvre aux navires américains les ports de Shimoda et de Hakodate.
1864. Les navires occidentaux bombardent Shimonoseki.
1867. Fin du *bakufu* des Tokuguwa.
1868. *Meiji Ishin* (début de l'époque Meiji).

BIBLIOGRAPHIE

- Stephen Addiss, *L'Art Zen*, éditions Bordas, Paris, 1992.
- Geneviève Alkten et Marianne Delafond, *La Collection d'estampes japonaises de Claude Monet à Giverny*, Paris, 1983.
- R. Keyes et E. Kondo, *Sharaku*, Galerie Huguette Bérès, Paris, 1980.
- Dominique Buisson, *Temples et sanctuaires au Japon*, Editions du Moniteur, Paris, 1980.
- Maurice Coyaud, *Fourmi sans ombre, le livre du haïku*, éditions Phébus, Paris, 1978.
- Nelly Delay, *Japon-Occident, Les sources japonaises de l'art occidental*, Galerie Janette Ostier, Paris, 1986. Textes par P. Alechinsky, N. Delay, M. Forrer, F. Frolet, S. Inaga, J. Ostier, C. Van Rappard-Boon, A. Tàpies, F. Le Targat, G. Van Zuylen.
- Nelly Delay, *Les Natures mortes dans les estampes surimono*, Galerie Janette Ostier, Paris, tome I : *Les Objets tranquilles*, 1978; tome II : *La Voix silencieuse des choses*, 1988. Textes par N. Delay, M. Forrer, E. Frolet, E. Kondo, J. Ostier.
- Nelly Delay, *L'Estampe japonaise*, Hazan, Paris 1993.
- Nelly Delay, *Les Jardins d'or du prince Gengi*, Galerie Janette Ostier, Paris. Textes par J. Bussy, N. Delay, J. Ostier.
- D. et V. Elisseeff, *L'Art de l'ancien Japon*, Citadelles et Mazenod, Paris, 1980.
- Matthi Forrer, *Hokusaï*, Flammarion.
- Bernard Frank, *Le Panthéon bouddhique au Japon*, RMN, Paris, 1991.
- J. Hillier, *The Arts of the Japanese Book*, Sotheby's, Londres, 1991.
- Chantal Kozyreff, *Estampes japonaises, collection des Musées royaux d'Art et d'Histoire*, Bruxelles, 1989.
- Fujiko Koyama, *La Céramique japonaise*, Office du Livre, Paris, 1970.
- Richard Lane, *Images from the Floating World*, Oxford, 1978.
- Richard Lane, *L'Estampe japonaise*, Fribourg, 1979.
- Julia Meech-Pekarich, *The World of Meiji Print, Impressions of a New Civilization*, New York, 1986.
- Diane de Margerie, *Bestiaire insolite du Japon*, Ed. Albin-Michel, Paris, 1997.
- Murasaki-Shikibu, *Le Dit du Genji*, traduit par René Sieffert, Publications orientalistes de France, Paris, 1988.
- Miyeko Murase, *L'Art du Japon*, La Pochothèque, Librairie générale française, Paris, 1996.
- R. Neuer, H. Libertson, S. Yoshida, *Ukiyo-e*, 250 ans d'estampes japonaises, Paris, Flammarion, 1985.
- Pierre et Suzanne Rambach, *Le Livre secret des jardins japonais*, Skira, Genève, 1973.
- Charlotte Van Rappard-Boon, *Catalogue des collections des estampes japonaises*, Rijksprentenkabinet, Rijksmuseum, Amsterdam, première partie, 1977; deuxième partie 1990.
- Basil William Robinson, *Kuniyoshi*, Londres, 1961.
- H. Russel Robinson, *Japanese Arms and Armors*, New York, New Crown Publishers, 1969.
- Irmtraud Schaarschmidt-Richter, *Le Jardin japonais*, Office du Livre, 1979.
- Christine Shimizu, *Les Laques du Japon*, Flammarion, Paris, 1988.
- Christine Shimizu, *L'Art japonais*, Flammarion 1997.
- Yoshiaki Shimizu, *Japan : the Shaping of Daimyo Culture*, National Gallery of Art, Washington, 1989.

TABLE DES ILLUSTRATIONS

Musée Guimet.
102 *Les Grandes Danseuses* (détail), peinture d'Iwasa Matabei, v. 1616. Coll. J. Ostier.
103hg Boîte à kimono par Korin, XVIIe s. *Idem.*
103mg *Inro*, attribué à Shibata Zeshin, XIXe s..
103md *Inro* par Jitokusai Keigai, XVIIIe s.
103d *Inro* par Eikan, XIXe s.
103b Malle laquée, fin XVIIe s. Musée Guimet.
104 *Les Trente-Six Poètes immortels* (*Sanjûrokkasen*), calligraphie de Kôetsu, portaits attribués à Tosa Mitsushige, v. 1610.
105h Scène du *Soga monogatari*, estampe rehaussée à la main, v. 1646. British Library.
105b Scène de *matsuri*, estampe rehaussée à la main par Jihei, v. 1690. Portland Art Museum, Oregon.
106h Couple couché sous un kimono d'hiver, estampe rehaussée à la main par Sukenobu, v. 1710. Coll. Mann, Highland Park, Illinois.
106b Deux acteurs musiciens, estampe de Masanobu, v. 1750.
107 Une jeune fille incline son ombrelle et regarde son ombre, estampe de Harunobu, v. 1760.
108 Intérieur de théâtre de *kabuki*, estampe de Masanobu, v. 1740.
109h Maquillage d'un acteur de *kabuki* dans un rôle d'*onnagata*.
109b L'acteur Matsumoto Yonesaburo, estampe de Sharaku, v. 1794. Coll. J. Ostier.
110g L'acteur Segawa Kikunojo, estampe de Shunshô, v. 1770. *Idem.*
110d L'acteur Danjurô, estampe de Kiyoshige, v. 1740. Coll. Mann, Highland Park, Illinois.
111 L'acteur Ichikawa Danjurô, estampe de Shunshô, v. 1781. Coll. J. Ostier.
112h Maison de thé à Kyoto, estampe de Shigenaga Nakama, v. 1745. Coll. part.
112b Acteurs de *kabuki*, estampe de Kuniyoshi (1797-1861).
113 Amants près d'une terrasse, estampe d'Utamaro in le «Poème de l'Oreiller», v. 1788. Coll. Mann, Highland Park, Illinois.
114h Rue à Nagasaki, estampe anonyme, v. 1875. Coll. J. Ostier.
114b Iris, croquis de Nanzan, XIXe s. *Idem.*
115h Perspective *uki-e* des ruines antiques de Rome, estampe de Toyoharu d'après Canaletto, v. 1750. Coll. part., Japon.
115b Trois coupes, estampe de Hokusai.
116h Les cachets, estampe de Shigenaga, v. 1817.
116b Les rouleaux de peinture *emaki*, estampe de Shunman (1757-1820).
117h La bibliothèque, estampe *surimono* de Gakutei (1786-1868).
117b Le koto, estampe de Shinsai (1764-1820). Coll. J. Ostier.
118 Portrait d'Ono no Komachi, encre sur papier de Soga Shohaku (1730-1781). *Idem.*
119g *Coq et poule*, peinture de Ito Jakuchû (1716-1800). Porte du Saifuku-ji, Osaka.
119d *Jeux d'enfants chinois*, paravent, encre et or sur papier par Nagasawa Rosetsu. Property of Mary Griggs Burke.
120 Les chutes d'Amida, estampe d'Hokusai, v. 1831.
121h Le moine Nichiren gravissant une colline sous la neige, estampe de Kuniyoshi (1797-1861). Coll. N. Lagane.
121b Rivière dans l'enceinte sacrée du sanctuaire d'Akiba, estampe de la série des *Cent Vues d'Edo* par Hiroshige, v. 1857.
122/123 Les rives montagneuses du lac à Hakone, estampe de la série des *Cinquante-Trois Stations du Tôkaidô* par Hiroshige.
124/125 La grande vague à Kanagawa, première estampe des *Trente-Six Vues du Fuji* par Hokusai, v. 1829. Coll. part.
126h Le Fuji par vent frais et matin clair, estampe de la série des *Trente-Six Vues du Fuji* par Hokusai, v. 1831. Galerie H. Bérès.
126b Scènes de la vie quotidienne, croquis *in* la *Mangwa* de Hokusai, v. 1816.
127 Le photographe français, estampe de Yoshikazu, XIXe s.
128 *La pluie sur le pont Ohashi*, estampe de la série des *Cent Vues d'Edo* par Hiroshige, v. 1857. Coll. N. Lagane.

TÉMOIGNAGES ET DOCUMENTS

129 Carnet de croquis de Nanzan, fin XVIIIe s.
131 Jardin du Kinkaku-ji, *Livre des jardins de Kyôto,* 1830. Coll. part.
132 Jardin de l'époque Heian, fac-similé d'un dessin du *Genji,* XIIe s.
133 Planche de la *Tradition de la construction des montagnes artificielles et des jardins* par Sigeyoshi, Kyoto, 1735.
134 Peinture de Sumiyoshi Gukei pour le *Genji,* XVIe s.
135 *Idem.*
136 Femme écrivain, *idem.*
138 *Voyageurs,* croquis de Nanzan, fin XVIIIe s. Coll. J. Ostier.
139 *Bashô,* peinture, XVIIe s. *Idem.*
140 *Kikan,* calligraphie de Takuan (1573-1645), encre sur papier. Musée Eisei Bunko, Tokyo.
141 *Auto-illumination,* peinture de Fûgai (1568-1654). Coll. part.
142hg «Grenouille qui médite», *koan* de Sengai (1750-1837). Musée Idemitsu, Tokyo.
142bg «La louche et le pilon», *koan* de Sengai.
142d *Singe,* peinture de Hakuin, XVIIIe s. Musée Eisei Bunko, Tokyo.
143 *Poète de l'école de Basho,* peinture de Buson (1715-83), British Museum, Londres.
144 Sculpture d'un bois pour l'estampe.
145 *L'Atelier de gravure,* estampe d'Utamaro, v. 1795. Coll. part.
146/147 Réalisation

d'une estampe : étapes. 148 Hokusai peignant, autoportrait in *Initiation au dessin abrégé,* 1812. Coll. part. 149 Planche de la *Manière de dessiner à l'aide d'un compas et d'une règle* par Hokusai. Coll. J. Ostier. 150 Planche de l'*Initiation,* Hokusai. 1812. *Idem.* 151 Hokusai octogénaire peint par sa fille Oyei, gravure. Coll. part.

INDEX

CRÉDITS PHOTOGRAPHIQUES

AKG/Werner Forman 17m, 19, 64, 65, 69, 71, 72hd, 72md, 74/75b, 78/79, 96, 100. Archives Gallimard 16, 26h, 29d, 74/75m, 77. Artephot/Ogawa 25d, 26b, 28h, 29g, 30/31b, 33d, 34, 35, 36, 37, 39, 40/41b, 44/45b, 45h, 80/81b. Artephot/Shobunsha 46h. Artephot/Shogakukan 18, 21b, 22, 119g. Artephot/Zauho-Press 54h. Asukaen 27. British Library, Londres 105h. British Museum, Londres 70g, 143. Laurent Chastel 42, 43, 44h, 50/51b, 59, 60/61, 81, 114b, 115b, 117h, 117b, 129, 138. Coll. Christophe L. 66/67h. Coll. part. 52b, 63, 131, 132, 141, 145, 151. Coll. part., Japon 115h. Dagli-Orti 24, 70d, 88/89. Nelly Delay 46/47b, 52/53h, 67d, 83. Diaf/B. Simmons 28b. Edimedia 58h. Enguerand/A. Pacciani 62/63m. Explorer/R. Baumgartner 94b. Suzanne Held, Paris 4/5, 6, 7, 8/9, 54b, 56/57h, 92b. Hoa Qui/S. Grandadam 12. Galerie Huguette Bérès, Paris 98. Magnum/R. Burri 94h. Magnum/B. Glinn 1. Magnum/T. Höpker couv. 4e plat, 2. Musée Eisei Bunko, Tokyo 140, 142d. Musée Idemitsu, Tokyo 142hg, 142bg. Photo Jean Mazenod, *L'Art de l'ancien Japon,* Editions Citadelles et Mazenod, Paris 85d. Pix/M. Trigalou 3. Rapho/G. Sioen 14/15b. Rapho/M. S. Yamashita 55, 80h, 93. Réunion des Musées nationaux couv. dos, 15, 31hd, 101, 103b. RMN/Arnaudet 17h. RMN/R. Lambert 17b, 25g, 84. Dominique Rivolier-Ruspoli couv Ier plat, 11, 20h, 20b, 21h, 23, 32, 33g, 38g, 38d, 40h, 50h, 51h, 53m, 53b, 56b, 57b, 62, 68h, 68b, 75h, 76, 85g, 86hg, 86d, 87g, 87d, 90, 91h, 91b, 92h, 95, 102, 103hg, 104, 105b, 106h, 106b, 108, 109h, 109b, 110g, 110d, 111, 112b, 113, 114h, 116h, 116b, 118, 120, 121h, 121b, 122/123, 124/125, 126h, 126b, 127, 128, 133, 134, 135, 136, 139, 144, 146-147, 148, 149, 150. Sheldan Comfert Collins 119d. Sotheby's, Londres 13, 41h, 58b, 72g, 73, 74h, 82, 97, 99, 103mg, 103md, 103d, 107, 112h. Toppan Art Mall/Goto Art Museum Tokyo 48/49.

REMERCIEMENTS

L'auteur exprime sa gratitude à Paul Gottlieb pour la confiance qu'il lui a témoignée ainsi qu'à Françoise Cachin. Elle remercie celles et ceux qui lui ont apporté aide et soutien : Anisabelle Beres, Laurent Berman, Colette Davaze, Neil Davey, Norbert Lagane, Georges Mann, Janette Ostier, Geoffrey Staines, Arthur Vershbow et l'équipe éditoriale de Découvertes Gallimard. L'auteur et les éditions Gallimard Jeunesse tiennent à remercier Frédéric Mazuy, Joseph Ziolo et, tout particulièrement, Dominique Rivolier-Ruspoli pour la qualité de sa contribution à l'iconographie.

ÉDITION ET FABRICATION

DÉCOUVERTES GALLIMARD
DIRECTION Pierre Marchand et Elisabeth de Farcy. COORDINATION ÉDITORIALE Anne Lemaire. GRAPHISME Alain Gouessant. FABRICATION Nadège Grézil. PROMOTION & PRESSE Valérie Tolstoï. SUIVI DE PRODUCTION Madeleine Gonçalves.
LE JAPON ÉTERNEL
EDITION Sébastien Deleau et François Boisivon (Corpus), Michèle Decré-Cyssau (Témoignages et Documents). ICONOGRAPHIE Any-Claude Médioni. MAQUETTE ET MONTAGE PAO Riccardo Tremori (Corpus), Jacques Le Scanff (Témoignages et Documents). LECTURE-CORRECTION Jocelyne Marziou et Pierre Granet. PHOTOGRAVURE W Digamma (Corpus), Arc-En-Ciel (T&D).

Table des matières